未来を変える価値ある投資

IFAのための指南書

高橋庸介
Yosuke TAKAHASHI

エディト 出版部

PROLOGUE

プロローグ

ＩＦＡ、個人投資家へのメッセージ

豊かな国を子どもたちに遺すために

正しい長期資産形成への道を指し示す「投資の指南書」

いま日本では、個人にファンド（投資信託）を販売するチャネルとしてＩＦＡが大きな注目を浴びています。ＩＦＡは「Independent Financial Advisor」の略称で、銀行や証券会社といった既存の金融機関には所属しない、独立系の金融アドバイザーを意味します。ＩＦＡには単なる金融商品仲介業者としてだけでなく、個人投資家と同じ目線に立ちながら、それぞれを長期的な資産形成というゴールに導く大切な役割が期待されています。

本書はそのＩＦＡの皆さんに向けて書かれた「投資の指南書」です。指南書とは武道や芸術などの軸がぶれないように、その真髄をお師匠さんがお弟子さんに伝えるもので、古代の中国でつくられていた「指南車」という二輪車に由来します。車がどこへ向かおうが、備え付けられた人形が常に南の方角を指すようになっており、方位磁石の機能を担っていました。つまりは方角を間違えないための教えの書、それが指南書なのです。

本書における南の方角とは、正しい長期投資による、正しい長期資産形成というゴールです。私たちコムジェスト・アセットマネジメントが普段お世話になっているＩＦＡの皆さんは、投資の勉強は始めたものの、世の中にあふれる低品質かつ無責任な情報に振り回されがちな人も多く、そうしたＩＦＡの皆さんに投資や資産形成の本質をレクチャーすることが本書の最大の目的です。

ＩＦＡの皆さんには、本書を読んで良き金融アドバイザーとなるための考え方を身につけ、その内容をご自身のお客さんに繰り返し伝えていただきたいと思います。また同時に、お客さんにも本書を読んでいただくことで、世の中にまっとうな長期資産形成がどんどん広まっていくことを期待しています。日本の個人一人ひとりが「豊かになる資産形成」をしっかりと実践することは、それを子どもたちの世代に引き継ぎ、豊かな国と豊かな選択肢を遺していくことにもつながります。

日米の個人金融資産は8・3倍まで差が広がった

過去20数年間に私たちの身の回りで大きく変わった社会的な出来事として、たとえばインバウンド(訪日外国人旅行者)の増加があります。これをポジティブに捉えるならば、多くの外国人が日本の美しい自然や文化を高く評価し、お金を払ってでも観に来たいと感じてくれていることになります。ただし、インバウンドの増加はそれだけが理由ではありません。ひとつには円安が大きく進んだことで、外国人にとって日本への旅行代が安くなったという面がありますが、かつて1ドル150円台だった時代には、今日ほど観光客が来ませんでした。

なぜいま、これほど多くの外国人が来るのか。その答えは20数年間で生じた「購買力の差」にあります。日本と米国の個人金融資産を比べると、過去20数年間にその差が大きく広がったことが分かります。日銀の統計によれば、日本の個人金融資産は2024年3月末時点で2200兆円となっており、1999年末の1400兆円から1・5倍に増えました。一方で米国の個人金融資産は1京8400兆円となっており、1999年末の3500兆円から5・2倍に増えています。1999年末の時点で2・5倍だった両者の差は、今日では8・3倍まで拡大したことになります。

そこには日本の家計に占める現預金の比率がいまだに5割を超えており、投資による資産増加を実現できていないことに加えて、国内の物価上昇率の差も関係しています。この2年ほどは日本でもようやく物価が上昇し始めましたが、それまで過去20年以上にわたって日本ではデフレが続いたため、他国に比べると物価がほとんど上昇しませんでした。

物価が年平均3％強のペースで上昇すると、20年間で2倍になります。米国や英国などでは過去30年間にサラリーマンの平均給与が2倍以上になっています。米国カリフォルニア州では2024年4月に、マクドナルドなどファストフード店の従業員の最低賃金が時給20ドル(約3000円)に引き上げられました。去年まで1000円だった時給が、いきなり3000円台になったわけではありません。米国の経済成長と、それに伴うインフレによって給料がじわじわ上がっていったのです。

自分自身が豊かになり、豊かで美しい国を子どもたちにつないでいく

購買力は私たちの生活および、人生の選択肢に直結してきます。日本では以前から留学する大学生が減ったと言われていますが、それは経済的な側面も大きいでしょう。公的年金は今後、誰がどう見ても運営が苦しいのは明らかであり、現役世代にとっては個人金融資産、すなわち購買力の大きさが老後の生活水準を左右するといえます。その意味では、日本でもやはり他の先進国と同程度のインフレと賃金上昇が進むことが望ましいし、若いうちから株式ファンドなどを通じてしっかりと長期資産形成をおこなっていく必要があります。日本の個人金融資産が２２００兆円に増えたといって喜んでいる場合ではありません。逆にそこまでしか増えなかったことを反省すべきです。

日本が抱える少子高齢化の問題も、大きな意味では経済的な問題です。これまで賃金がずっと増えなかったし、老後生活も不安がいっぱい。十分な教

育のバックグラウンドすら用意できなければ、子どもが幸せになれないと考えるのは当然でしょう。だから、子どもをつくる気になれないわけです。多くの人がしっかりと資産形成に取り組み、10年ぐらい経って資産がある程度増えてきたら、豊かさというものを国民全体が肌で感じ始めると思います。いまこそ日本人は、そこに向かって踏み出さなければなりません。もはや待ったなしです。

「投資する、しないは個人の自由だ」と言う人もいるかもしれませんが、これは個人の問題ではなく、日本国民全体の問題です。私たちには自分自身が経済的にも精神的にも豊かになり、豊かで美しい国を子どもたちにつないでいく責任があります。そのための長期資産形成なのであって、単なる金儲けではありません。結果としてそれが将来の日本という国をデザインし直し、労働人口減少などの諸問題を解決する足がかりとなる可能性も考えられます。お金があれば誰もが幸せになれるわけではないけれど、お金は時間と同様に、自分たちの将来を大きく変えることができる価値ある資産なのです。

なお、本書は高い志を持つＩＦＡと、そのお客さんに向けて書かれたものなので、短期で儲けたいと考える人は読まないでください。できるかぎり分かりやすく、かみくだいて書いたつもりですが、内容が難しいと思った箇所は読み飛ばしてもらって結構です。

CONTENTS

目　次

プロローグ　ＩＦＡ、個人投資家へのメッセージ　1
豊かな国を子どもたちに遺すために
正しい長期資産形成への道を指し示す「投資の指南書」
日米の個人金融資産は8・3倍まで差が広がった
自分自身が豊かになり、豊かで美しい国を子どもたちにつないでいく

ガイダンス　日本人を投資の呪縛から解き放つために　18
「心・技・体」という3つの観点で重要ポイントを解説
投機の呪縛、手数料の呪縛、リスクの呪縛
投資をおこなう際のいちばんの敵は、皆さんの心である
Column ● 欲に駆られて投資が成功から失敗に転じたニュートン

第1章 投資の「心」

「投資」と「投機」の違い、あなたは本当に分かっていますか？ 28
続ければ続けるほど確実にお金が減っていくのが投機
FXは丁半ばくちやルーレットと変わらない
株式投資も短期で儲けようと思ったら投機になる

なぜ株式への「長期投資」が重要なのか？ 35
株価は長期的には企業の利益成長に連動する
企業価値の成長には時間がかかる、だから長期投資になる
PERは証券業界が「後付け」で持ち出してきた指標

Column
● 株式市場は「お化け屋敷」と一緒である
● 株式市場はジェットコースターというイメージを
● 暴落という投資のチャンスはなかなか来てくれない

目次

「分散投資」について多くの人が誤解しやすいこと 48

分散投資で大切なのは時間分散と銘柄分散のみ
現状ではバランスファンドに分散効果は期待できない
株式と債券の相関が低くなったらバランスファンドを使えばいい

インフレが常態化する時代の資産形成とは？ 55

日本の若年層は物心ついてからデフレの経験しかない
グローバリゼーションがもたらした世界的な低インフレ
インフレの時代に頼りになるのは株式投資

個人にとって投資のリスクは「リターンのぶれ」ではない 62

ボラティリティは機関投資家のための指標
個人投資家にとってのリスクは元本割れすることである
「リスク、リスク」と言うのは、もうやめよう

Column ●● 油の浮いた東京湾で毎日のように泳ぎの練習
●● リーダー選別のための理不尽さと、それを支える同期の存在

志を同じくする仲間との対談① 北尻克人さん（小山企画） 73

第2章　投資の「技」

IFAと個人投資家、運用会社、投資先企業はパートナーである　86
IFAは個人との間でインセンティブを共有しやすい
IFAにどれだけ貢献できるかが私の最後のチャレンジ
自分で運用会社を訪問し、ファンドを定性評価するIFAも
セミナーを通じて高校生が企業を就職先として意識

インデックス運用が抱える数々の問題点　96
運用会社はどんどん「やすき」に流れている
優秀なファンドマネージャーを育ててこその「資産運用立国」
「適正な株価形成」という市場の機能を阻害する
赤字企業や低成長の企業がゴロゴロ入っている
非人道的な兵器を製造・販売する会社も含まれている

目　次

「インデックスvs.アクティブ」という大間違い　109
クローゼット・トラッカーというインチキ商品は問題外
プロ意識のかけらもなく自らをおとしめるのがインデックスファンド
レストランで「いちばん安いものを下さい」と注文するのか
私が議論したいのは「良いアクティブvs.悪いアクティブ」
Column ● インデックスという怪物が勝手に独り歩きを始めた
● ポスト・インデックスファンド時代をみんなでつくる
既存の銀行が長期の資産形成に向かない理由　122
国民に長期資産形成を根付かせる仕組みを持っていない
やるのなら個人の積み立て投資を本気で促してほしい
ハーディング効果とダニングクルーガー効果　126
「乗り遅れてはいかん」という欲がもたらす群集心理
情報が増えるほど理性的な判断を下せるようになる

企業の資本効率を自分でチェックしてほしい 132
資本効率は企業経営者の腕がいちばん問われる部分
ROEとROICの両方をセットで見ることが不可欠
Column ● **配当は成長企業においては優先順位が低い**
投資スタイルと新興国の取り扱いについて 138
グロースとバリューのどちらが良いというわけではない
新興国はこれからテストの点数を伸ばしていく生徒に相当
成長に飢えているからこそ、インド人はよく勉強する
Column ● **IITデリー校は史上最大の新興国投資の成功事例**
なぜ「日本はダメだ」と勝手に決めつけるのか 146
日本企業のなかにも大谷選手のような会社はたくさんある
AIによって「人口ボーナス」が効かなくなる可能性も
私がESGに注力した理由と、いったん身を引いた理由 152

目次

ＥＳＧは企業が持続的な成長を図るうえで必須の要件
売らんがためのＥＳＧに加担したくなかった

投資に活かせる先人の言葉と考え方　156
過去の成功体験に引きずられると投資は失敗しやすい
人間の「心」のあり様に焦点を当てたジョン・テンプルトン

Column ● **30年先の日本について成長ビジョンを描いた横井小楠**

私がお薦めする投資に役立つ本　162
『失敗の本質』… 中公文庫
『ピーター・リンチの株で勝つ』… ダイヤモンド社

私が武道を通じて実感したこと　168
「継続は力なり」が歳をとってから腹落ちしてきた

志を同じくする仲間との対談② 上地明徳さん（r-Laboratory）　171

第3章　投資の「体」

ファンド運用に関する3つの信念と3つのディシプリン　184
クオリティ・グロース企業への投資は相対的にリスクが低い
30～40社に厳選投資する集中型ポートフォリオ
運用チームの一人でも反対すると、新規投資も全売却もできない
Column ● 投資を決めた企業は必ずポートフォリオの1％以上保有する
6つの厳格な選定基準で企業を徹底的に調べ尽くす　197
ビジネスモデルを運用チームの全員が完全に理解できるかどうか
スマホがつくられ続ける限り、アームの収益が継続的に発生する
各ブランドの固定客数から5年先までの利益を推定できる
新興国の経済発展によって糖尿病の増加がメガトレンドに
主力事業を大胆に変更するのも、経営者の明確なビジョンの表れ
Column ● 人材育成の話がほとんどの社長ミーティングにショックを受けた

目次

運用組織としてのユニークな特徴と強み 214
「社員が株主」なので業績を説明する必要がない
幅広い世代による多様な視点と組織のフラットさ
運用チームをまたいで企業情報を積極的に共有する
Column ● **「積み立て投資をするならコムジェスト」というポジショニング**

ESGの観点から
保有禁止企業の情報をアップデート 223
煙草やカジノ、非人道的な軍需産業には絶対に投資しない
Column ● **人間は自分の時間やお金を何に使うかが問われる**

志を同じくする仲間との対談③ **中野晴啓**さん（なかのアセットマネジメント） 230

コムジェスト鼎談 **小島久美子**×**渡邉 敬**×**高橋庸介** 242

GUIDANCE

ガイダンス

日本人を投資の呪縛から解き放つために

「心・技・体」という3つの観点で重要ポイントを解説

投機の呪縛、手数料の呪縛、リスクの呪縛

1998年にファンドの銀行窓販がスタートし、その後もNISA（少額投資非課税制度）やiDeCo（個人型確定拠出年金）の導入など、日本国民を「貯蓄から投資へ」いざなうための施策が相次いで打ち出されてきました。にもかかわらず、日本の個人の間では投資がそれほど普及していません。前述したよ

うに、個人金融資産の5割超がいまだに現預金に滞留するという異常な状況が続いています。その大きな理由として、私は投資をめぐる「3つの呪縛」が日本人の行動に制約をもたらしていると考えています。

ひとつは「投機の呪縛」です。日本では多くの人が、投資をまるで投機であるかのごとく誤解し、「投資は危ないからやらないでおこう」という気持ちに支配されています。投資と投機の違いをきちんと理解していないから、投資がきわもの扱いされているわけです。たとえば米国では、DC(確定拠出年金)においてファンドが資産形成のデフォルト(標準的な選択肢)として提供され、ファンドへの投資を通じて成功体験を持つ人が多いため、日本のように投機の呪縛にとらわれる人は少数派でしょう。それが個人金融資産の拡大につながった側面も大きいといえます。

2つ目は「手数料の呪縛」です。日本では人々が投資にのぞむ際の最優先事項が、手数料の安さになっています。せっかく投資の第一歩を踏み出した人も、次は手数料に縛られてしまうのです。レストランに入って、まずはメニューの値段をすべて比較し、必ずいちばん安いものを注文する人などいるでしょうか。普通はハンバーグやステーキなど、「食べたいものありき」でしょう。そのなかで自分の財布の中身と相談しながら、「今日はハンバーグにしておこう」などと決めるわけですよね。それが一般的な消費行動ですが、なぜか投資だけが異常な価値観になっています。投資先も見ないで手数料の安いインデックスファンドにお金を投じるのは、ただ安いからといって中身が分からないものを食べるのと同じではないでしょうか。

3つ目は「リスクの呪縛」です。金融業界では「リスクを取る」とか「リスクを低減する」といった言葉をよく使います。こうした言葉遣いが個人のなかで誤解を生み、長期投資をスタートする際に、まずリスクから考えるという悪癖につながったと考えられます。米国の個人投資家は「リスク選好」だから、投資を躊躇《ちゅうちょ》しないという説明も見かけますが、それは間違っています。「よーし、これからリスクを取るぞ」などと言って投資を始める人などいるのでしょうか。米国の起業家だって、リスクを取るために会社をつくるわけではありませせん。「こんな製品やサービスを提供したい」という大きな夢があり、その先に果てしないリターンがある、だから起業するのです。日本の個人も、リターンから考えて投資を始めるべきです。リスクに縛られるのはもうやめましょう。「リスクという言葉、使用禁止！」です(笑)。

投資をおこなう際のいちばんの敵は、皆さんの心である

このような呪縛から皆さんを解き放つために、本書では投資を「心・技・体」という3つの観点で捉え、それぞれ重要なポイントをお伝えしていきます。

私は中学生時代から45年間、空手を続けていますが、武道などの道場にはよく「心技体」という文字が額に入って飾られています。この言葉は、鍛えるのが難しい順番に並んでいることをご存知でしょうか。

体力や走力などは、筋トレやインターバルなどで数カ月のトレーニングを

積めば、それなりに成果を実感できます。重心移動や足の運び方といった技術面は、体力的にきつくなったときでも同じ動きができるレベルまで向上しようと思うと、半年や1年もしくはそれ以上の時間がかかります。空手でも腕立て伏せや腹筋、スクワットを毎日続けると、1カ月程度で体力はつきますが、「正拳《せいけん》突き」や「回し蹴り」を正確に繰り出せるようになるには多くの時間が必要です。正拳突きや回し蹴りのような動きは、日常生活のなかでそうそうするものではないからです。習得するためには道場で繰り返し稽古を続けるしかありません。

そして、鍛えるのがいちばん難しいのが、「心」です。どのようなスポーツ競技でも、最後は「メンタルがものをいう」といわれますが、メンタルはトレーニングするのが非常に難しい。私の経験からすると、空手では道場で稽古をしているときには普通にできていた技が、いざ試合会場で壇の上に立ち、観衆のなかで「始め!」と言われた途端に、頭が真っ白になってできなくなります。

投資にも武道の「心技体」に相通ずるところがあります。皆さんが投資をおこなう際に、克服するのが最も難しく、いちばんの敵になるのは皆さんの心です。もっと具体的に言うならば、欲望と恐怖ですね。欲に駆られ、まことしやかな噂や情報に飛びついて大損する。暴落が起きたとき、恐怖に駆られてこらえきれず、売却して大損する…。

武道も投資も、本質的なところは同じだと思います。武道には短期間でうまくなる魔法などなく、ひたすら稽古を続けるしかないように、投資もコツコツと勉強しながら続けていくしかありません。武道も投資も上達するには長い時間がかかるのです。極真空手の創始者である大山倍達総裁の言葉に「千日をもって初心とし、万日をもって極みとする」というものがあります。これは万日(30年近く)の間、毎日稽古を積み重ねてようやく一人前の空手家になれるという意味です。

皆さんは本書の第1章「投資の『心』」で、資産形成にあたって最も大切な考え方を学んでください。投資と投機の違いや、長期投資、分散投資、リスクについての正しい考え方を解説していますので、繰り返し読むことで、投資にまつわる欲望と恐怖を克服できる日が必ず来ます。

第2章「投資の『技』」では、長期的な資産形成に役立つさまざまな知識と方法論を紹介しています。既存の金融業界やインデックスファンド、手数料の問題など、「炎上覚悟」で相当に厳しい本音を書きました。長期で投資を続けていくうえでのエッセンスとしてお役立てください。

第3章「投資の『体』」では、私たちコムジェスト・アセットマネジメントの投資哲学や投資アプローチについて説明しています。投資における「体」は、実際の運用というテクニカルな部分に当たり、IFAや個人投資家の皆さんに深くご理解いただきたいところです。

Column

欲に駆られて投資が成功から失敗に転じたニュートン

「万有引力の発見者」として有名なアイザック・ニュートンは、17～18世紀に英国で活躍した数学者、物理学者です。惑星の運行を正確に計算し、一部ではアルベルト・アインシュタイン以上の天才だったという声もあります。ニュートンは学者としてだけでなく、王立造幣局で偽造通貨の取り締まりや英国政府が抱える公的債務の整理にも携わっていました。そんな折、1720年にサウス・シー・バブル（南海バブル）が発生します。世界で最初のバブルとして、オランダのチューリップ・バブル（1630年ごろ）が知られていますが、南海バブルはその次の大きなバブルに当たります。

当時の欧州は多くの国が財政破綻に近い状態でした。英国はもちろん、フランスもスペインもイタリアも、やたらと国債を発行して国民からお金を調達し、それで戦争をやっていたからです。金利の利払い負担が大きすぎるということで、英国では南海会社という国策会社をつくり、既発の国債と南海会社の株式を強制的に交換すると発表しました。期限までに交換しないと国債は紙くずになるため、国債の購入者は仕方なく株式との交換に応じます。英国民が国債を株式と交換すればするほど、南海会社の株価は上がっていくことになります。そこに目を付けたニュートンは南海会社の株式を大量に購入し、ある時点で売却して数千万円のリターンを得ました。ところがその後も想定以上に南海会社の株価は上昇を続けます。焦ったニュートンは売却で得たお金に借入金も加えて再度、南海会社の株式を高値で購入したのですが、今度はドカンと大暴落しました。最終的にニュートンは数億円の損失を被ったそうです。

そのときの捨て台詞がふるっています。「私は天体の運行は計算できるが、人々の狂った行動は計算できなかった」。いやいや、あなたが欲に駆られただけでしょう？

この話から得られる教訓は、投資に頭の良さは関係ないということです。大事なのは心であり、心がぐらつくと欲に負けるし、チャンスを逃すのではないかという恐怖にも負けるのです。当時のニュートンにIFAのような良きアドバイザーがついていれば、こんな恥ずかしい失敗をしないで済んだでしょうに。

第1章

投資の「心」

資産形成にあたって最も大切な考え方

「投資」と「投機」の違い、あなたは本当に分かっていますか？

続ければ続けるほど確実にお金が減っていくのが投機

「皆さんにまず分かっていただきたいのは、今日は投資のセミナーだということです。手っ取り早く儲かる商品などの情報を期待して来られた方もいるかもしれませんが、そういう内容はいっさいありません。嫌ならば、帰ってもらって結構です」――。ＩＦＡ向けのセミナーを開催するにあたって、私は毎回こんなお話から始めるようにしています。

どうしてかというと、世の中には「投資」と「投機」を混同している人がまだまだ多いからです。これら2つは字面《じづら》も発音もよく似ていますよね。でも、生き物でいえば蝶《ちょう》と蛾《が》のように、外見は同じようでも中身はまったく異なるものです。

皆さんが日ごろ接している「投資情報」の大半は、実は「投機情報」です。書店の投資コーナーに並んでいる「投資の本」も、その多くが「投機の本」です。なぜって、短期でリターンを狙う内容ばかりだから。短期で儲けようというのは投機です。投機で資産形成はできません。投資と投機の違いは、皆さんが資産形成をおこなう際に、いちばん最初に理解しておいてほしい最も重要なポイントです。

投機の代表として、たとえば競馬や宝くじなどのギャンブルを考えてみましょう。これらは「当たりか外れか」のどちらかにお金を投じる行為であり、外れた人のお金が、当たった人への払い戻しに充てられます。このように、参加者のプラス(利益)とマイナス(損失)が足してゼロになるような状況を「ゼロサム」と呼びますが、胴元から手数料を引かれるのでその分、実際には「マイナスサム」です。

競馬では馬券の種類によって売上金の20〜30%(JRAの場合)が差し引かれ、残りが当たった人に分配されます。極端な話、たとえば皆さんが1億円を使って全部の単勝馬券(控除率20%)を買い占めたとすると、確実に1億円は8000万円に減ります。

次の日もまた競馬に行って1億円を使いました。また返ってくるのは8000万円です。たまにまぐれでちょこちょこ勝てることはあっても、続ければ続けるほどお金は減っていきます。儲かるのはJRAだけ。ビジネスモデルとしてお金を賭ける側が確実に負けるようになっている、それがギャンブルであり、投機です。

FXは丁半ばくちやルーレットと変わらない

もっとひどいのが宝くじです。売上金の53・1%(2022年度実績)が同じく差し引かれて、地方公共団体などへわたる仕組みです。まだJRAの方が良心的ですね。11月や12月にセミナーでこの話をすると、聞いている皆さんがすごく怖い顔になります。年末ジャンボ宝くじが控えていますから。宝くじというのは結局のところ、江戸時代に幕府がお金に困って「富くじ」をつくり、庶民からお金を吸い上げて公共工事をやっていた、その名残りが今日も続いているだけです。税金にすると幕府の支持率が下がるので、税金を取る代わりにお上が庶民からお金を上手に巻き上げるツールを考えた、それが宝くじなのです。

「宝くじを1万円買ったら必ず1000円が戻ってきますよ」と言う人もいるけれど、確実に9000円は減るわけです。「宝くじは夢を買うものだから」と言う人もいますが、実際にはお金をドブに捨てているようなもので、確率的に当たるわけがありません。聞いた話ですが、年末ジャンボ宝くじの1等に当たる確率は、飛行機事故に遭って死亡する確率より低いそうですね。

私は毎月、飛行機に乗っているけれど、ピンピンしています。宝くじなんか絶対に

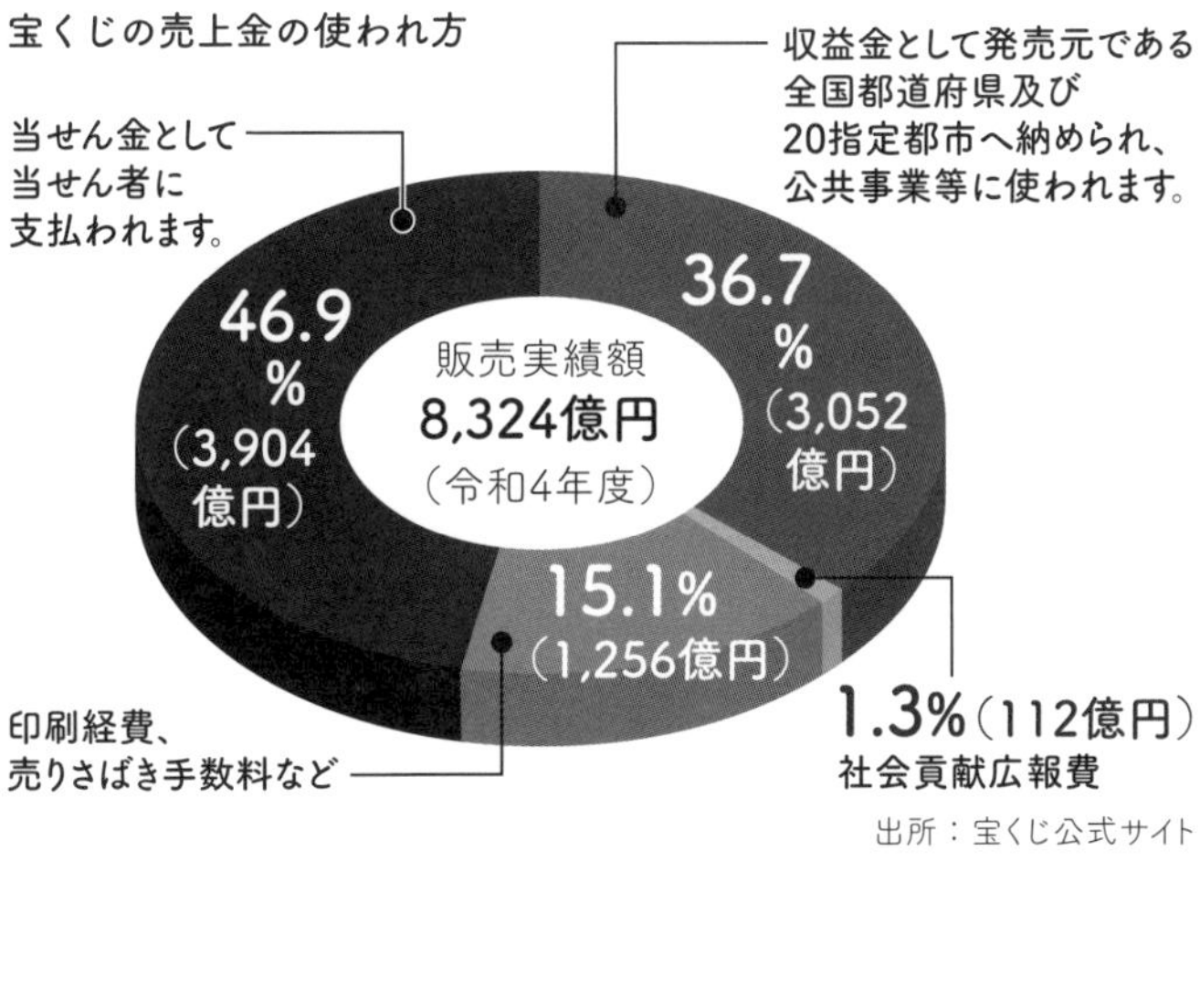

買いませんよ。ちなみに米国の20億〜30億円の高額くじに当たる確率は、外を歩いているときに宇宙から降ってきた隕石が当たって死亡する確率より低いそうです。

同じように、ＦＸ(外国為替証拠金取引)も投機の一種です。ＦＸでは「ある通貨の相対的な価値がこれから上がるか下がるか」にお金を投じます。投資家Ａさんが円安に賭けて１００万円を儲けた場合、その裏には必ず円高に賭けて１００万円を損した投資家Ｂさんの存在があります。ＦＸでは一般に「取引手数料は無料」と謳われていますが、通貨ペアごとに設定されているスプレッド(為替レートの売値と買値の差)が実質的な手数料となって、証券会社やＦＸ会社の懐《ふところ》に入ります。つまり、マイナスサムです。

ＦＸというネーミングにだまされている人が多いかもしれませんが、「円安か円高か」を当てるのは、丁半ばくちやルーレットと変わりません。最近は何かというと「Ｘ」を付けて格好よい言葉の響きにする傾向がありますが、ちょっと考えものだと思います。ＤＸ(デジタルトランスフォーメーション)にＧＸ(グリーントランスフォーメーション)、それからツイッターもＸという社名になっちゃいましたし…。

繰り返しますが、競馬や宝くじ、FXなどは投機です。そこに成長はありません。当たり馬券や当たりくじを3年間持っていても、金額は増えてくれないでしょう。むしろ有効期限切れで紙くずになってしまいます。FXには長期保有するという手もありますが、それもいわば丁半ばくちの結果が出るのを先延ばしにしているだけです。為替の動きによっては取り引きを途中で打ち切られる(ロスカット)可能性もあります。投機で資産形成するのは、どだい無理だということです。

株式投資も短期で儲けようと思ったら投機になる

投機の真逆にあるのが、投資です。投資の「資」は資本の「資」であり、資本にお金を投じるのが株式投資です。「資本＝会社の価値」と考えてください。たとえば自己資本が1億円の会社が、1年間がんばって1000万円の利益を稼ぎ出しました。これはROE(自己資本利益率)でいえば10％に当たります。翌期の初めには配当などを払わなければ、自己資本が1億1000万円に増えています。こうして企業が毎期、利益を稼ぎ出すことによって会社の価値がどんどん大きく積み上がっていき、それが長期的に株価に反映される。そのような企業価値の成長にお金を投じることが、私たちコムジェスト・アセットマネジメントの考える株式投資です。

株式投資というと、一般個人の間ではいまだに「リスクがあって危ない」というイメージが強いようですが、それは短期で儲けようと思うからです。株式投資も、短期で儲けようと思ったら投機になります。だから「株式は危ない」というイメージは半分正しくて、半分間違っていると言えるでしょう。残念ながら、日本社会においては「投資＝投機」のイメージが払しょくされていません。「投資の皮をかぶった投機」に踊らされて、自分のおこなった投機を、投資と勘違いしている人が多いからです。だからこそ投資と投機を明確に分けて理解する必要があります。

ちなみに長期的な成長企業への投資では、ＦＸのようにリターンを得た人の裏側で同じだけの金額を損するような人は存在しません。つまり株式投資とは、長期的に参加者すべてがリターンを享受できる可能性がある「プラスサム」の世界なのです。

なぜ株式への「長期投資」が重要なのか？

株価は長期的には企業の利益成長に連動する

皆さんが銀行や証券会社の窓口に行って、「なぜ株式への長期投資が重要なのですか」と聞いたとします。まともに答えられる担当者はほとんどいないでしょう。その答え合わせを、いまからしていきたいと思います。米国の資産運用会社フィデリティでマゼラン・ファンドを運用していた伝説的なファンドマネージャー、ピーター・リンチ氏は著書のなかで、こんな意味のことを書いています。「株価は長期的には企業の利益成長に連動する」。株式投資で最終的に何を見るかといえば、企業の利益であると。

私たちもまったく考えは同じです。コムジェスト・アセットマネジメントでは各企業の売り上げやコストなどから5年先までの利益を計算して、そこから株価の理論値をはじき出し、十分にリターンが取れると確信が持てれば投資します。「株式投資のすべての道は利益に通ずる」といっても過言ではありません。このことさえ見誤らなければ、皆さんの長期的な資産形成も必ず成功するはずです。

企業の利益を見るというのは具体的にどういうことなのか、もう少し詳しく説明します。「株価＝ＥＰＳ（１株当たり純利益）×ＰＥＲ（株価収益率）」という式で表すことができるのですが、このうちＰＥＲというのは投資家の「気分」にあたるものであり、気まぐれのように上がったり下がったりします。ＰＥＲの変動には株式の需給関係から政治の動向、気候変動まで無数の要因が関わっています。ＰＥＲの動きを正確に予測するのは、１カ月後の東京都の天気を予測するようなもので、どんな投資のプロにも不可能です。

株式投資において短期でリターンを狙う場合には、「ＰＥＲの予測」というばくちになります。なぜなら、１カ月程度の短期間に企業の利益は変わりませんから。株価を表す「ＥＰＳ×ＰＥＲ」という式のうち、短期で変わるのはＰＥＲだけであり、短期でリターンを狙う人はPERがどう動くかを当てにいくことになります。丁半ばくちの「丁」「半」や、ルーレットの「赤」「黒」をずっと当てられる人がいないように、PERをずっと当てられる人もいません。

私たちが見るのはPERではなくEPSの方、すなわち企業の利益です。コムジェスト・アセットマネジメントは企業の利益成長を予測します。PERの予測はおこないません。言い換えると、私たちは「株価という価格は見ない、企業の価値を見る」ということになります。価格の動きに振り回されることなく、コツコツと企業の調査・分析をおこなって、利益が成長する企業にじっくりと投資していきます。

気まぐれに上がったり下がったりするPERは「気分」

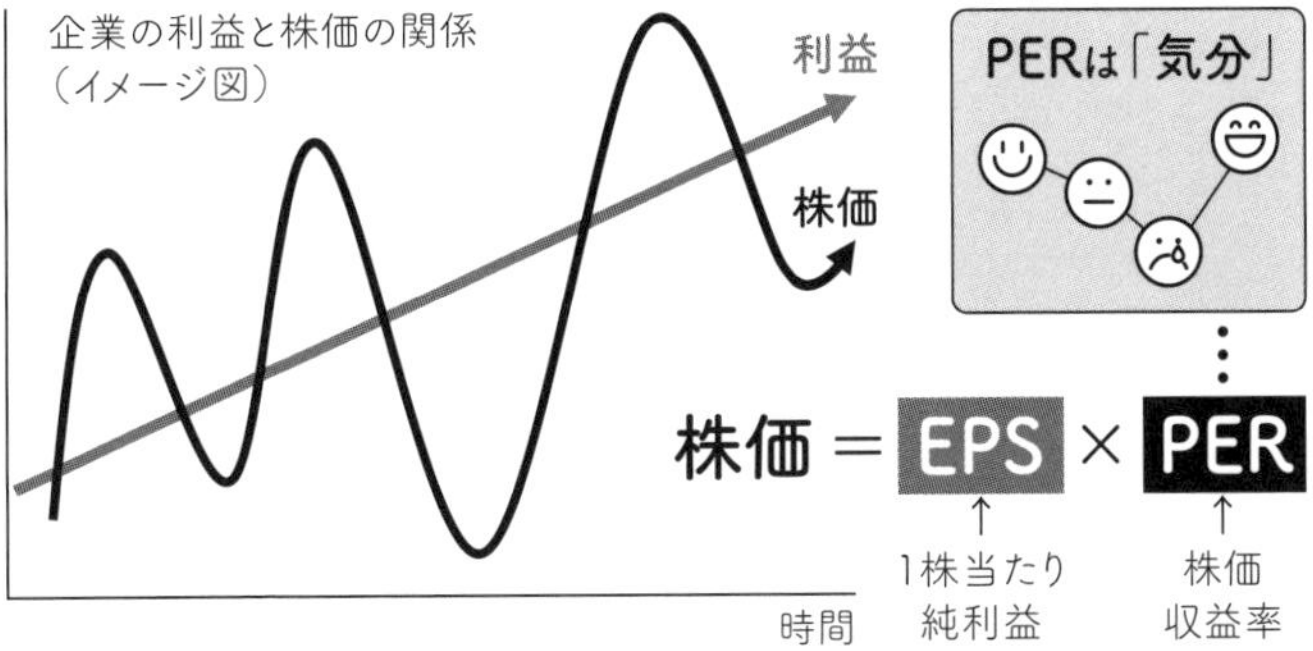

企業価値の成長には時間がかかる、だから長期投資になる

会社が利益成長して価値を高めていくのには時間がかかります。スタートアップで短期的に急成長する会社もあるけれど、そうそう長続きはしません。だから、利益が成長する企業への投資は長期になります。投資とは必然的に「長期投資」になるのであり、「短期投資」というものは本来、あり得ないのです。

私たちが投資している日本企業でいうと、オリエンタルランドは創業が1960年で、東京ディズニーランドの開園が1983年、株式上場が1996年です。東京ディズニーランドの開園から数えると今日まで約40年間で、時価総額が7兆円(2024年8月末時点)の会社に成長しました。ソニーグループは1946年に19万円の資本金で東京通信工業としてスタートし、現在は時価総額が17兆円(同)まで成長しています。

話を分かりやすくするために、創業時の資本金が20万円だったとしましょう。仮に皆さんがタイムマシンで1946年に行くことができ、資本金の5%の1万円分だけ東京通信工業の株式を買ったとしたら、いま8500億円になっています(公募増

資などもあるので、あくまでも単純計算したらの話ですが)。FXのようにその裏で8500億円を損した人はいません。これが投資というものです。

「時価総額=株価×発行済み株式数」なので、時価総額が大きな会社ほど規模が大きく、株式市場における評価も高いと見なすことができます。企業価値の延長線上に時価総額があると考えると、企業価値の成長に時間がかかるように、時価総額の成長にも時間がかかります。だから長期投資になるのです。もちろん、短期で儲けようと思った投資家のなかには損した人もたくさんいるでしょう。前述したようにPERは「気分」なので、株価は短期的にはどのような動きをするのか分かりません。つまりは株価を追いかけると投機になってしまうわけです。

よくよく考えてみてください。優秀な経営者や社員が日々がんばって、素晴らしい製品やサービスを提供し続け、売り上げを伸ばして利益を増やして、企業価値をどんどん積み重ね、成長させていった結果が7兆円や17兆円です。長期で見るかぎり、その成長にお金を投じる投資という行為には、ギャンブル性のかけらもありません。

PERは証券業界が「後付け」で持ち出してきた指標

株価はアメーバのように、短期ではどう動くか分からないものの、長期では企業利益の周辺を行ったり来たりしています。まるで地球が太陽の周りをぐるぐると公転しているように、長期的にみると株価が企業利益から大きく離れることはありません。短期的にはバブルや大暴落の可能性が否定できませんが、それも株式市場の自然な姿なので、理解しておいてほしいと思います。株価は企業利益の周辺を行ったり来たりすると同時に、短期的に行き過ぎることもあります。割高になりすぎるとバブルになり、割安になりすぎると大暴落が起きます。バブルの後はだいたい大暴落が来る、これ、お約束です。

なぜ株価が企業利益と連動してピッタリと動かないのか。その理由は、不特定多数の人間が株式市場の参加者だからです。私も運用の仕事を35年やってきて、「運用会社の社長だったら来週上がりそうな株とか分かるでしょう、教えてくださいよ」などと聞かれることがあるのですが、そんなものは分かりません！　でも世の中には、テレビや書籍、雑誌などで無責任なポジショントーク(自分にとって有利になる発言)をする人も多いのが現実です。投機に踊らされる人ほど、株価を見ます。皆さんはどうか投機に踊らされず、株価は長期的には企業の利益成長に連動するという大原則を忘れないでください。

大切なのは、長期で企業の利益成長にしっかり投資することです。利益が成長していく企業は、私たちのような運用会社が探します。皆さんにはファンドマネージャーを信じていただき、株式ファンドに投資していただくことになります。だから皆さんも、ファンドの定性部分をご自身で定期的にチェックする必要があります。ファンドの投資哲学が変わっていないか、人を含めた運用体制や意思決定のプロセスは変わっていないか、変わったとしたら、なぜ変わったのかなど、できる範囲で確認してほしいと思います。

ＰＥＲなどの株価指標について、少し補足のお話をしておきます。ＰＥＲは株価の割安度を測る指標などといわれていますが、実は「後付け」で出てきたものです。

1950年代に米国の株式市場で株価が上昇した結果、株式の配当利回りよりも国債利回りの方が高くなるという逆転現象が起きました。もともと株式の配当利回りは、投資家がリスクを取っている分だけ国債利回りより高いのが当然とされていたため、「話が違うではないか」ということになり、困った証券業界が(苦しまぎれに?)持ち出してきた指標がPERなのです。

証券業界は従来の理論で説明がつかなくなると、新しい指標や言葉を次々につくるのが得意です。日本では昭和の時代の最後期に「Qレシオ」という指標が流行りました。企業のバランスシート(貸借対照表)では保有している株式も土地も簿価で評価されますが、当時は株価も地価もどんどん上がっていたので、それらを時価に直すと企業価値は高いのだと、無理やりこじつけるためにQレシオをつくったわけです。いかにも怪しい理論を金科玉条のごとく持ち出して、お客さんを説得していたわけですが、いざバブルが崩壊したらスカスカの理論だったことが分かりました。そういうものに踊らされては絶対にダメです。

Column

皆さんが投資と投機の違いを理解し、長期投資の重要性を理解したとしても、株価は短期的には企業利益と連動しないことがあるため、株価の動きに惑わされてしまう人もいるかもしれません。そんなときは、ここに挙げた話を参考に「株式市場の特性」を理解しておくと、心が落ち着くのではないかと思います。

株式市場は「お化け屋敷」と一緒である

遊園地などにある「お化け屋敷」は、どうして怖いのでしょうか。いちばんの理由は、真っ暗だからです。本物のお化けなんかいないし、お化け屋敷に行って呪われることもないのは分かっている。でも、真っ暗だから怖いのです。株式市場はお化け屋敷と一緒です。皆さんが怖い怖いと思うのは、たとえば来週の株式市場がどうなるのか、真っ暗で分からないからです。確かに株価だけを見ているとデタラメな動きをすることも多いので、先行きが分かりませんが、私たち運用会社のファンドマネージャーは全然怖くありません。なぜなら、株価ではなく企業の価値を見ているから。

私たちは、明るいときのお化け屋敷を知っています。お化け屋敷は天井をすべてガラス張りにして、太陽の光を入れたら、なかでアルバイトの人たちが大声でワッと脅かしているのが丸見えになります。それなら何も怖くないでしょう。太陽の光が当たっているお化け屋敷と同じように、ファンドマネージャーには企業価値に連動する長期的な株価の方向性が見えているから、怖くないのです。皆さんもお化け屋敷を想像してみてください。怖いように思えるのは仕方がない、でも視点を間違えなければ実際には怖くない、株式市場とはそういうものです。

株式市場はジェットコースターというイメージを

株式市場は大まかな傾向として、ジェットコースターのように「ダッダッダッダッ」とゆっくり上がっていって、ドーンと急激に落ちる、その繰り返しです。皆さんも投資をした後で株価が上昇した際には、「いまジェットコースターに乗っているのだな」とイメージしてください。いつかそのうちドーンと落ちる日が必ず来ます。ジェットコースターだと分かっていれば、「やっぱりそうか」と踏ん切りがつきます。まあ、株価が下がったことで多少は心がざわつくでしょうが。

もしもジェットコースターが逆のパターンだっ

たら、お金を払ってでも乗りたいと思いますか？ 皆さんは、ジェットコースターが「急激に落ちること」に対価を支払うわけですよね。恐らく人間は、ジワリジワリと上がっていってドカーンと落ちる、あの動きがどこか好きなのでしょう。株式市場もしょせんは人間がつくっているものなので、人間の性《さが》を反映するのです。あらかじめカラクリを知っておけば、日々のニュースも冷静に見聞きすることができます。安値で買い増すなど、下落を利用して将来のリターンにつなげることも可能です。そして、株価は長期ではきちんと企業利益に連動するようになっているので、どうぞご安心ください。

暴落という投資のチャンスはなかなか来てくれない

株式市場で暴落が起きたときの対応によって、個人投資家の実力は決まります。慌てずに様子をうかがい、どういう理由で暴落しているのかを見きわめ、そろそろ相場の底かなというタイミングで3回ぐらいに分けて追加投資をおこなう。それが自然体でできるようならば、皆さんの投資は恐らく成功します。普段、株式ファンドを積み立てるなかで、暴落用にキャッシュを少しだけ用意しておくといいでしょう。そのファンドを暴落時にスポットで買い増せば、資産形成の効率がアップします。

暴落という投資のチャンスは、実はなかなかやって来てくれません。暴落が来たときに「やった！」と思えるぐらいの気持ちが大切です。私は毎年、初詣で神様に「今年こそ大暴落が来ますように」とお祈りしています。なかなか神様は願いを聞いてくれないのですが…（笑）。ちなみに、かの有名な投資家ウォーレン・バフェット氏も、ずっと暴落を待ち続けている一人です。

本書を執筆中の2024年8月上旬に、日経平均株価が1営業日で過去最大の下落幅を記録しました。すわ、暴落かと思いましたが、翌日には急騰して株価はどうやら落ち着きを取り戻したもようです。これは暴落というよりは、株価の乱高下と捉えるべきかもしれません。

「分散投資」について多くの人が誤解しやすいこと

分散投資で大切なのは時間分散と銘柄分散のみ

分散投資というと、まず第一に「株式・債券・REIT（リート：不動産投資信託）・現金」など、投資するアセットクラス（資産の種類）の分散を指すのが一般的です。いわゆるアセットアロケーション（資産配分）が重要だという説明ですね。それに加えて「日本国内・海外」や「先進国・新興国」など、投資する地域の分散も重要だと言われています。本当でしょうか。

私が個人投資家の資産運用において大切だと思う分散は、「時間分散（積み立て投資）」と「銘柄分散（投資するファンドの分散）」のみです。たとえば若い人がこれから30年、

40年と長期で積み立て投資をしていく場合、将来的な期待リターンが低くなってしまうので、債券は不要です。「明確に成長企業への投資を謳っているファンド」という条件は付きますが、投資先は100%、株式ファンドだけでいいでしょう。

長期的に企業の利益が成長していけば、皆さんはその成長分をリターンとしてしっかり享受することができます。ファンドを通じて株式を長期で積み立て、将来的にはその株式を取り崩していくという運用スタイルで十分だというのが私の考えです。

日本国内では消費者物価(生鮮食品を除く)の上昇率が2022年4月から24年7月まで28カ月連続で2%以上を記録し、インフレ傾向が高まりつつあります。55ページ以降で詳しく説明しますが、今後は日本でもインフレの常態化が予想されます。国内の金利がよほど大きく上昇して債券利回りが向上しないかぎり、物価連動債など一部の特殊なものを除いて、国内債券に投資してもインフレに負けていくことは確実です。

外国債券のなかには「ハイ・イールド債」など、資産としての性質が株式に近く、投資先として魅力的なものもあります。しかし、ハイ・イールド債の運用はアナリストとトレーダーの力量が問われる短期勝負になりやすいほか、上場していないので情報が得られにくいのも特徴です。いわばプロ向きの債券であり、日本の一般個人が投資対象として扱うにはいささかハードルの高い資産です。

ＲＥＩＴへの投資は、不動産を購入して家賃収入を得るようなものと考えられます。将来的には不動産の値上がりも期待できるわけですが、日本国内では今後も人口減少が進むと予想されており、一部の都市圏を除くと不動産市場が広範囲かつ長期にわたって成長するのは難しいでしょう。

こうしたことから、私は皆さんの長期的な資産形成は成長企業への株式投資だけで十分と考えていますが、たとえばシニア層が分配金のニーズを踏まえて資金の一部をＲＥＩＴなどへの投資に振り向けるのはありだと思います。その場合は、資産分散も否定はしません。

現状ではバランスファンドに分散効果は期待できない

ただし、最初からバランスファンドで国内外の株式や債券に分散投資をおこなうのは、現状ではまったく意味がありません。バランスファンドが機能するのは、「有効フロンティア」が明確なカーブを描いている時期にかぎります。近年のように有効フロンティアがほとんど直線に近いような時期には、バランスファンドに投資しても十分な分散効果は得られないのです。ここから少し有効フロンティアの専門的な説明をしますので、難しいと思った人は読み飛ばしてください。

次ページの図のように、値動きの特性が異なる複数の資産を組み合わせた場合に、同じリターンなら最もリスクが小さくなる(同じリスクなら最もリターンが大きくなる)組み合わせを曲線で示したものが有効フロンティアです。図に示した曲線が、たとえば日本債券・外国債券・日本株式・外国株式という4つの資産の有効フロンティアだとしましょう。

Ⓐが「日本債券100%」で、Ⓑが「日本債券80%・外国債券10%・日本株式5%・外国株式5%」だった場合、Ⓑの組み合わせで4資産に投資すると、理論上はⒶよりもリスクを低く抑えながら期待リターンを高めることができます。また、Ⓒが「日本債券60%・外国債券20%・日本株式10%・外国株式10%」だった場合、理論上はⒶと同じリスクで期待リターンをかなり高めることができます。

有効フロンティアのイメージ

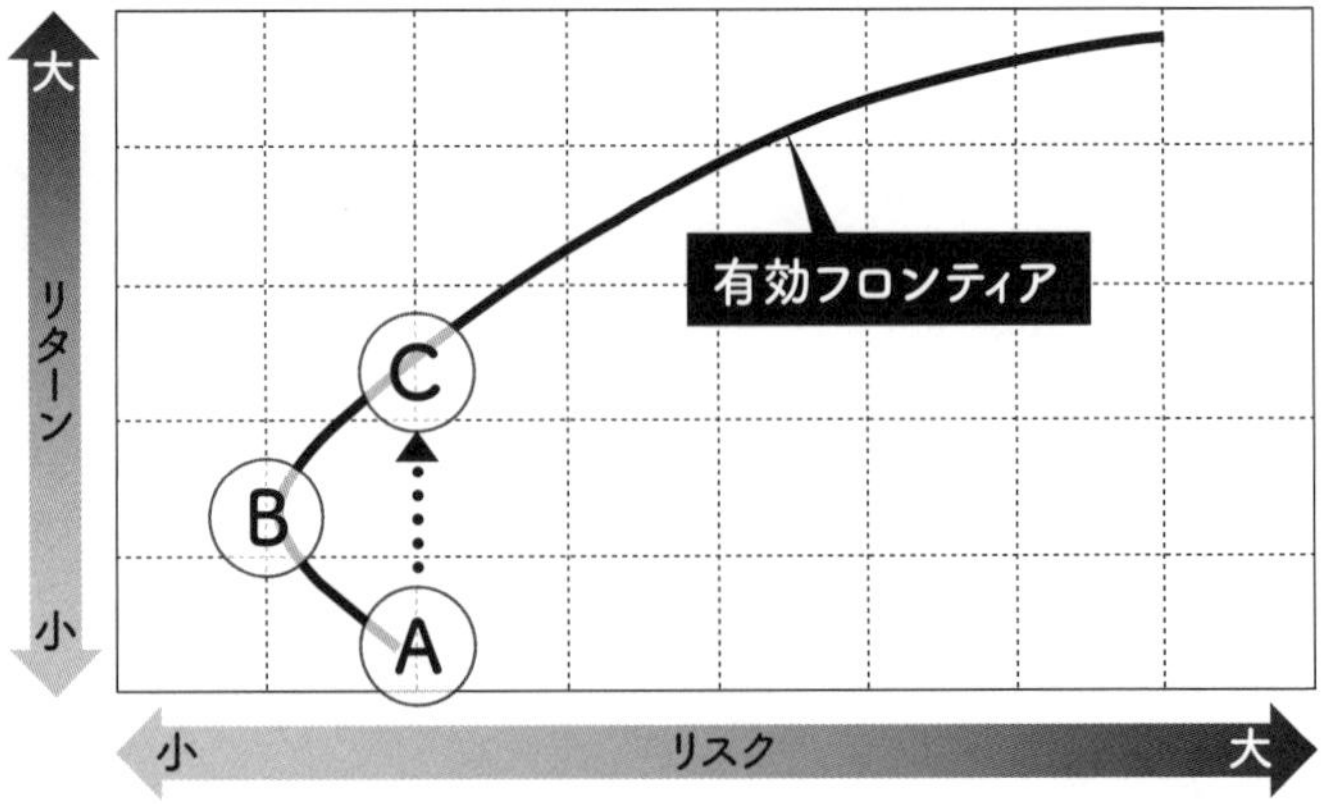

株式と債券の相関が低くなったらバランスファンドを使えばいい

分散効果のカギは右図で示した左端のカーブした部分が握っているわけですが、そのカーブが消えて有効フロンティアがほぼ直線になってしまうと、どのような組み合わせを選んでも、リスクとリターンが比例して上昇していくことになります。これは株式と債券の相関が高まっていることを意味し、2008年のリーマン・ショックのころから見られていた傾向です。私が30年ほど前にアナリスト試験を受けた際には、まだカーブがありました。でも、その後に状況が変わったにもかかわらず、バランスファンドでは昔のポートフォリオ理論をそのまま使っているわけです。あたかも30年前のパソコンを使うかのように。

先日、あるセミナーで参加者から、変額年金保険に入っているバランスファンドをどう評価すればいいかという質問を受けました。お客さんに説明するときに、どうにも引っかかる点があるというのです。「バランスファンドは株式ファンドよりもリスクが低く、そこそこのリターンが出る。債券ファンドに比べれば、リスクは若干高いぐらいでリターンは多く出る。そう聞いていたのだが、実際に過去のパフォーマンスを見てみると、全然そうはなっていない。株式相場が下がるときには一緒にファンドのパフォーマンスも下がっている」――。参加者が抱いていたこの印象は、まったく正しいと言えます。それはそうでしょう。有効フロンティアが直線になり、株式と債券の分散が効いていいないのですから。

もちろん、時代によって考え方は違ってきます。現在は株式と債券の相関がきわめて高い状況にありますが、将来的に相関が低くなる局面もまた来るでしょう。そうなったら、バランスファンドを使えばいいのです。少なくとも、いまはそのときではありません。

インフレが常態化する時代の資産形成とは？

日本の若年層は物心ついてからデフレの経験しかない

2021年の後半から米国や欧州ではインフレが進み始め、インフレ率（消費者物価上昇率、前年同月比）は22年に米国で9％台、ユーロ圏で10％超にまで上昇しました。急激なインフレを抑えるために、中央銀行であるFRB（米連邦準備制度理事会）やECB（欧州中央銀行）が利上げをおこなったことは、皆さんもご存知かと思います。

日本でも22年からインフレが目立つようになり、同年12月には消費者物価上昇率（生鮮食品を除く、前年同月比）が4％と、41年ぶりの高水準に達しました。その後も日銀が物価安定目標として掲げる2％以上のインフレ率が続いており、日銀は段階的に金融緩和政策の修正に乗り出しています。直近の24年7月時点でインフレ率をみると、米国は2・9%、ユーロ圏は2・6%、日本は2・7%という状況です。

日本では過去に長らくデフレの時代が続いたため、結果としてインフレになってからのことをそれほど考えないで済みました。デフレの時代は「キャッシュ・イズ・キング」、つまり資産を現金で持っておくのが最善の選択ですから。欧米でもデフレにこそ陥らなかったものの、歴史的にインフレ率の低い時代が長く続いて、「もう過去のようなインフレは起きないのではないか」とさえ言われました。

いま私が危惧しているのは、日本の若年層が物心ついてからずっとデフレの経験しかないことです。インフレを知らない人が多いというのは、何とも心配です。たとえば年3%強のインフレが20年間続くと、国内の物価は20年後に2倍まで上昇します。日本では2200兆円といわれる個人金融資産のうち、半分の1100兆円がキャッシュ(現預金)です。そのまま置いておいたら、20年後にはその半分の550兆円相当まで価値が目減りしてしまうのです。

　実はここまでの内容は、多くの専門家がすでにいろいろなところで書いたり話したりしていることです。ところが、なぜ心配なのかという本当の理由を伝えている人はほとんどいません。だから、私がいまからそのお話をしたいと思います。ひと言でいえば、日米欧などの先進国ではこの先、近い将来にデフレや低インフレに戻ることはありません。「インフレを無視できる時代は終わった」ということです。

各国のインフレ率の推移

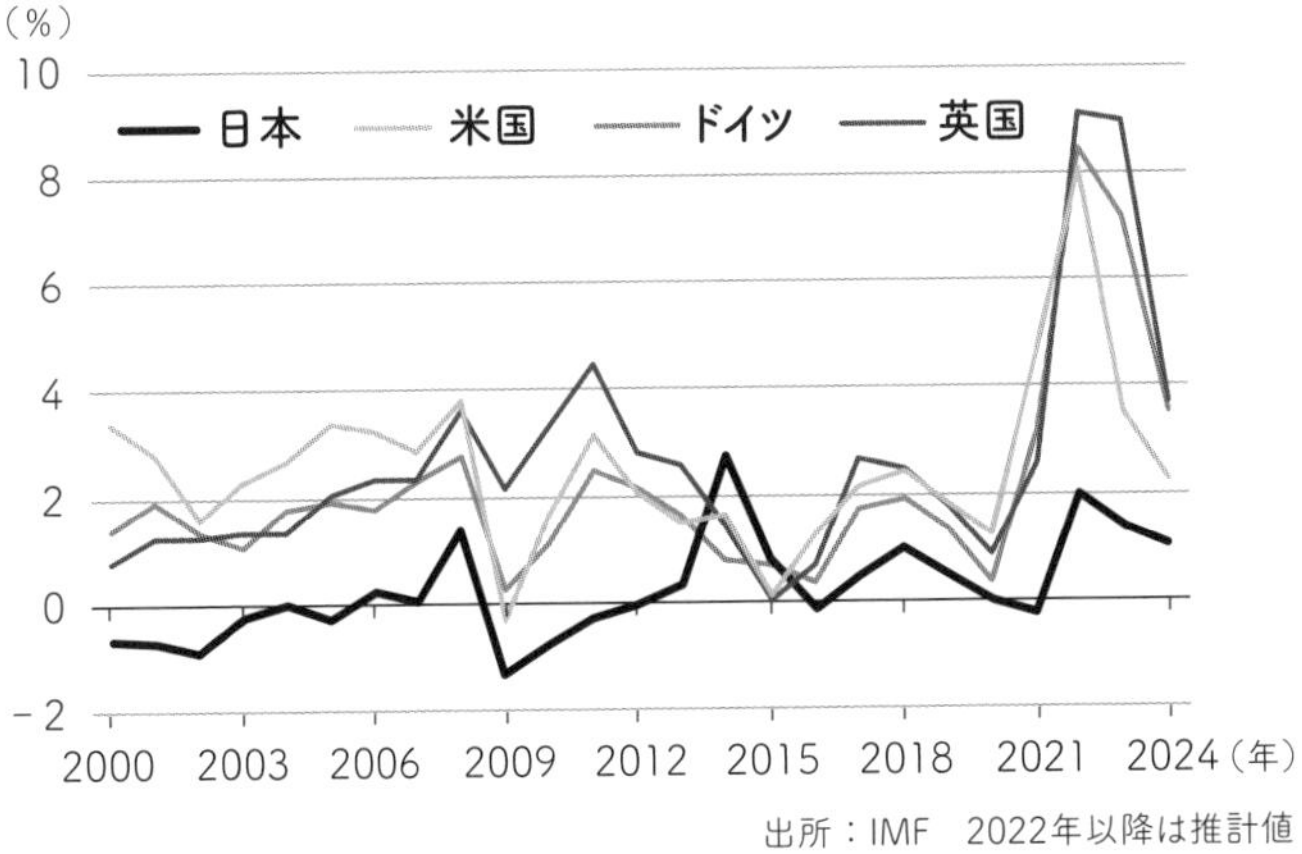

出所：IMF　2022年以降は推計値

グローバリゼーションがもたらした世界的な低インフレ

歴史をざっと振り返ってみましょう。1991年にソ連が崩壊し、いわゆる東西冷戦が終結しました。それは社会主義・共産主義の経済的な行き詰まりが原因です。中国はソ連の失敗を見て、共産主義という政治体制を維持しながら、資本主義にも足を踏み入れるという決断を下します。90年代に資本市場へ本格参入し、2001年にはWTO(世界貿易機関)にも加盟しました。

その結果、何が起こったかというと、グローバリゼーション(地球規模でのヒト・モノ・カネの交流)が明確になったのです。中国に続いて、ソ連崩壊後のロシアや旧東欧圏の国々も資本市場に参入してきました。新たに10数億人のマーケットが出現し、ヒト・モノ・カネの行き来が自由になったわけです。

日米欧の先進国は、中国を「世界の工場」として積極的に活用しました。そこには自国の10分の1や20分の1程度という安い人件費と、中国自体が巨大なマーケットになるという2つのメリットがあったからです。こうしたグローバリゼーションによって、世界的にモノの価格が劇的に低下しました。日本はデフレになり、他の先進国では年2~3%という歴史的な低インフレが続きました。その恩恵を享受できたのが、2000年代初頭からの約20年間だったといえます。

インフレの時代に頼りになるのは株式投資

風向きが変わったのは、米国で2017年にトランプ氏が大統領に就任したころからです。トランプ政権になって以降、米国は中国からの輸入品に対する追加関税を急速に拡大するなど、対中国の通商・産業政策を厳格化しました。それは米国にとって中国が安全保障上の脅威になったからであり、中国経済をこれ以上、野放図に拡大させてはならないという明確な意思の表れです。

その流れはバイデン政権になってからも続いており、対中国の関税率を2~4倍に引き上げたほか、半導体大手のTSMC(台湾セミコンダクター)の工場をアリゾナ州と日本の熊本につくり、今後はドイツにもつくる予定です。背景には、中国による「台湾有事」への懸念があります。台湾有事によって世界経済が停滞するのを防ぐため、TSMCでしか製造していない最先端半導体のサプライチェーンを日米欧に分散化しようというわけです。日本が最先端半導体の国産化を目指して北海道にラピダスの新工場を建設しているのも、その一環といえます。

ここへ来て世界の地図は大きく変わりました。今後はグローバル経済から、ブロック経済への巻き戻しが進みます。当然のことながら、グローバリゼーションがもたらした世界的なデフレや低インフレも、大きく修正されることになります。日本では岸田政権が経団連などと協力して、企業に賃上げをかなり強力に求めています。実際に2023年と24年の春闘では、30年ぶりという高い平均賃上げ率が実現しました。それというのも、もはや日本でもインフレの恒常化は避けられず、インフレが進むなかで賃上げをおこなわないと、国民生活が苦しくなって自民党の支持率が落ちるからです。

前述したように、債券投資ではインフレに勝つことはできません。日本の家計の半分を占めるキャッシュは、そのまま置いておくと、価値がどんどん目減りしていきます。インフレが常態化する時代の資産形成で頼りになるのは、長期的に高いリターン成長が期待できる株式投資なのです。

個人にとって投資のリスクは「リターンのぶれ」ではない

ボラティリティは機関投資家のための指標

あるセミナーで、ＩＦＡがＦＰと共著で書いた本を売っていました。そのなかに「プリンがブルンブルンと震えるのがリスクです」と書いてあったので、「この説明、どう思いますか」とその方に尋ねたら、「私もお客さんにいつもこういう説明をしています」と言うのです。「その説明であなたは納得していますか？」と聞いたら、「だって、そういう風に習いましたから」と。要するに、これはポートフォリオ理論などで標準偏差を用いて一般的に説明されている、ボラティリティ（期間収益のぶれ）のことを指しているのですね。

確かに私自身もそう習ったし、アナリスト試験でもそういう答えを書きました。銀行や証券会社でも、顧客に同様の説明をしているところが多いようです。しかし、そもそもこの考え方は機関投資家のためのものでしょう？　年金基金や保険会社などの機関投資家は、決算時に過去1年間の期間収益を計算し、成績表として提出しなければなりません。監督当局や上司の目が光っていますから。そのための指標が標準偏差であり、ボラティリティなのです。期間収益を出すのに、どれぐらいのリスクを取っているかを明らかにするわけですね。

そんな機関投資家のための指標を、個人の資産形成に当てはめたところで、はたして意味があるのでしょうか。私は個人的に投資しているファンドのボラティリティなど見たことがないし、3月31日時点(決算時)のリターンを気にしたりしませんよ。個人投資家で、過去1年間のリスクとリターンを気にかける人っているんでしょうか。少なくとも私は会ったことがありません。

プリンの震えが投資のリスク？

個人投資家にとってのリスクは元本割れすることである

世の中には「リスク＝ボラティリティ」という誤解があふれています。これから20年〜30年で資産形成を目指す人が、リスクとして意識するのは、元本割れすることでしょう。個人投資家にとってのリスクとは、将来的に資産が増えると思って投資したのに、マイナスになってしまうことです。

成長企業への積み立て投資なら、むしろボラティリティが高い方が有利とも言えます。価格が安いときにたくさんのユニット(口数)を買うことができるのですから。これについては銀行や証券会社の窓口でも同じ説明をしているようですが、その一方で「ボラティリティがリスクです」と説明している。この矛盾はいったい何なのでしょうか。

私たちコムジェスト・アセットマネジメントのように、企業の利益成長にもとづいて株式投資をおこなう場合、ファンドマネージャーにとってのリスクとは、長期的な企業の利益成長が想定よりも低くなることです。最終的に株価は企業の利益成長に連動するわけですから。私たちは長期的に年率10%程度のリターンを投資家に届けたいと考えていますが、その観点からいうと、コムジェストのファンドに投資してくれる人にとって、「ファンドが企業の利益成長を見誤ることもリスクのひとつ」と言えるのかもしれません。

でも、たとえば20年後に、投資した1000万円が3000万円になったとします。同じ期間中に、もしも日経平均株価に投資していたら3100万円になっていたとしても、自分の運用成果はプラスになったのだから別に構わないでしょう。個人投資家の感覚はそれに近いと私は思いますね。そこであえてボラティリティの説明をする必要があるのか、プリンの話は必要なのか、と言いたいわけです。将来的に運用成果がプラスになれば、1年ごとのボラティリティが高かろうが低かろうが、個人にはまったく関係ありません。

「リスク、リスク」と言うのは、もうやめよう

いまから5〜6年前、知り合いのお子さんの会社で確定拠出年金を始めた際に、「どのファンドを選ぶのがいいか教えてほしい」と、その知り合いから頼まれました。そこで私が世界株ファンドに50%、日本株ファンドに50%、いずれもアクティブのファンドを勧めたところ、その会社の担当者から「リスクが高いからダメ」と言われたそうです。

私は「その担当者はどうせ素人でしょう、そんな人の言うことは聞かなくていい」と改めて2本のファンドを勧めました。去年(2023年)、その知り合いと会ったら、お子さんがすごく喜んでいるという。年に2回ほど通知が来て、周りの同僚は定期預金を選んだから、積み立てた額がそのまま残っているだけなのに、そのお子さんのお金だけが相当に増えていたからです。それで同僚がみんな、その子と同じファンドに乗り換えたそうです。

これはなかば笑い話のようなものですが、それほど現在は、「リスクを下げること」を

良しとする風潮が強いのです。リスクの意味さえ、きちんと分かっていないのに……。そうではなくて、個人投資家にとって大事なのはリターンでしょう。もちろん同じリターンなら、リスクが小さい方がいいですよ。でも、資産形成のスタート地点が「リスクを下げること」で本当にいいのですか。性格的に絶対リスクを取るのが嫌だ、元本割れが嫌だという人は、銀行預金だけでいいじゃないですか。そういうことを皆さんに、真剣に考えていただきたいと思います。「リスク、リスク」と言うのは、もうやめにしませんか。

私が卒業した防衛大学の話は、投資や資産形成に直接関係するものではありません。ただし、防衛大学で過ごした4年間は、人間の心持ちというものを考えるうえで非常に示唆に富んでいるため、第1章の終わりにあえて取り上げておきたいと思います。

Column

油の浮いた東京湾で毎日のように泳ぎの練習

防衛大学で学んだことは大きく分けて2つあります。ひとつは、理不尽を所与とすること、すなわち理不尽を当たり前と捉えられる「心の強さ」です。もうひとつは、同期という仲間がいることの「心強さ」です。ひとりだったら恐らく耐えられなかった理不尽さも、同期がいてくれたおかげで耐え抜くことができました。これは資産形成のゴールを目指して、一緒に歩いてくれる仲間の存在が重要という意味で、IFAとそのお客さんである個人投資家の関係にも通じることです。

防衛大学でいちばん辛かったのは1年生の1年間でした。私のときは4月1日が着校日で、いきなりバリカンで髪の毛を剃られ、戦闘服を着せられました。でも、そこではまだ「高橋くん」という扱いなんですよ。新入生に対して上級生がマンツーマンで生活指導する「対番」という制度があるのですが、その対番の先輩がニコニコしながら戦闘服のアイロンのかけ方から靴の磨き方まで、手取り足取り教えてくれます。

そして4月5日に入校式がありました。寮に戻ってきたら、朝まで笑顔だった先輩がなぜか鬼のような形相になっている。「さっさと並べ！」「てめぇら、もうお客さんじゃねえんだ！」と怒鳴られました。そこからが、しごきの本番です。ベッドの毛布やシーツがきちんと畳めていない、部屋の掃除ができていないと言っては腕立て伏せを命じられ、腕立て伏せが途中で潰れると…後はご想像におまかせします。

とくに6月までの最初の3カ月間はひどいものでした。寮から食堂へ向かう道すがらも上級生から「ちょっと待て」と呼び止められ、帽子の角度がおかしい、皺が寄っているなどと難癖をつけられて、また腕立て伏せを命じられます。確かに身体は強くなりますが、精神的に参ってしまう新入生もたくさんいます。1年生の間に辞めていく人間がいちばん多かったですね。

6月になると油の浮いた東京湾に放り込まれて、毎日のように泳がされました。7月31日に8キロの遠泳訓練があるので、台風が近づいて荒波が立つような悪天候のなかでも、泳ぎの練習を繰り返すのです。本番の遠泳訓練では途中に観音崎が見えるのですが、泳ぎ始めて2時間ぐらい経っているのに、景色がまったく変わっていない。逆潮でほとんど進んでいなかったのです。そのロスした分も含めると、8キロではなく実際には10キロぐらい泳いだ計算になると思います。

リーダー選別のための理不尽さと、それを支える同期の存在

上級生になり、後輩の指導をする立場になったとき、〝つらく厳しい生活〟の真意が分かりました。——防衛大学は自衛隊の幹部を育てる特殊な学校である。お前らは腹をくくっていないだろうが、卒業したら22歳ぐらいのガキがいきなり幹部になって、年齢もバラバラな部下30人の指揮をとることになる。たった4年間で、30人のリーダーになる訓練を積まなければならないのだ——。

そこで求められるのは、テクニカルな技ではなく、「心」なのです。自衛隊幹部に着任した当日に敵が攻めて来たら、30人を指揮して戦地に赴かなければなりません。その可能性は決してゼロではなく、もしもそうなったら「着任したばかりなので」という言い訳もききません。与えられた状況のなかで本能的にベストを尽くせる人間だけが向いている。そういう人間だけを選別する必要がある。優秀だけれどリーダーに向いていない人間もいるので、早く気付いてもらいたい。だから多少荒っぽくても、当時の防衛大では徹底的に1年生を厳しく指導したのでした。

そのつらい生活を支えるのが、同期の存在です。お互いに励まし合いながら、私が何とか卒業できたのは33期生という同期のおかげです。全寮制でお酒も飲めない、遊びにも行けない、1日中朝から晩までしごかれる、そんな生活を自ら選んで耐え抜く連中だから、やっぱりみんな志はもともと高いですよね。私は結局、4年生の夏にあった富士山麓での訓練中にケガを負ったこともあり、自衛隊とは違う道を歩むことになったのですが、社会に出てからも、同期に対して「こんな自分でも頑張っているところを見せたい」という気持ちでいられたことは、すごく大きかったと思います。卒業から35年経ったいまでも、彼らとはしょっちゅう一緒に飲んでいますよ。

志を同じくする仲間との対談①

「ＩＦＡは人生を賭けて取り組むに値するビジネスなので、若いときから始める人がたくさん出てくればいいですね」

北尻克人さん × 高橋庸介
（小山企画）

かつて芸人を志した時期もあったという、小山企画の北尻克人さん。建設会社のサラリーマン、保険代理業を経て、現在はＩＦＡをビジネスの中心に据えています。お客さんとのかかわり方から仕事のやりがい、これからＩＦＡを目指す人へのメッセージまで、大阪弁を交えた本音トークをお聞きしました。

北尻克人（きたじり・かつひと） 有限会社小山企画　代表取締役。1966年1月生まれ。大阪府藤井寺市出身。1997年12月よりIFA業務開始。乗合保険代理店業、金融商品仲介業を経営。顧客に最適な商品を組み立てるアイデアから「金融の魔術師」との異名を持つ。業界のセールスパーソンの育成教育にも積極的。

子どものころから食卓にお金の話が飛び交う環境で育った

高橋　北尻さんとはこの3年ほど毎月、セミナーや勉強会でご一緒させていただいています。私が日ごろ話している内容を、北尻さんが核心を突いた言葉に置き換えてお客さんに分かりやすく伝えてくれることもあり、横で聞いていて感心するばかりです。そもそも投資や資産運用については、以前から興味があったのですか。

北尻　ルーツをたどると、子どものころから育った家庭環境が大きかったと思います。同居していた商売人の祖父が、あるときこんな話をしてきました。「40年前に50円を貸した友人が今日、お金を返しにきたんや」。僕が「ええ人やな」と応えると、祖父が「お前はアホか、いま50円で何が買えると思うねん」と聞いてきます。僕が「消しゴム」と言ったら、「40年前は土地が買えた。お金の価値は下がるんや。インフレっていうんやぞ」。そんな風に食卓を囲みながら、祖父がお金にまつわる話をたくさんしてくれたので、いつの間にかお金の仕組みに興味を持つようになりました。僕はもともと他人に何かを教えるのも好きだったので、お金の話を他人に教えて長期資産形成に導くＩＦＡは、自分の特技にピッタリはまった夢のような仕事だと感じています。

高橋　私は１９９７年にスカンディア生命保険の立ち上げにかかわり、変額保険の販売チャネルとしてＩＦＡの普及を推進すべくＩＦＡ研修をおこなったのですが、そこに生徒の一人として参加されていたのが北尻さんでした。

北尻　そのころ高橋さんは企画部にいらしたので面識はなかったのですが、そもそもＩＦＡという概念を米国から日本へ持ち込まれた方のひとりは高橋さんですからね。スカンディア生命の研修でも「あなたの仕事はＩＦＡです」と念を押されましたよ。その研修で変額保険という商品を知り、変額保険を通じて投資や資産運用を学ぶようになった格好です。保険の唯一のリスクは、物価上昇つまりはインフレに負けることです。そのリスクを回避する手段が変額保険しかないと、当時は理解していました。その後、規制緩和によって生命保険募集人が証券仲介業務も扱えるようになり、証券外務員資格を取ったのですが、しばらくは変額保険ばかり売り続けていました。いまから6〜7年前に規制が強化されて、保険の将来性が疑問視されるようになり、それをきっかけに証券仲介業をメインにしようと決意しました。以降は既存のお客さんに保険の契約をやめてもらって、投資信託を販売するようになっています。

高橋　新規のお客さんとはどのようにして接点を持つのですか。

北尻　僕の場合、こちらからお客さんを探しにいくことはありません。広告はいっさい打たないし、ホームページもつくらないようにしています。口コミによる依頼のみ。ご依頼があった人にだけ、自分の持っている知識を教えるというスタイルです。既存のお客さん向けにセミナーを開催すると、ご自身の家族

や友人を連れて来られることもあります。その人たちが、新たにお取り引きを始めるケースも多いですね。

人間の成長を信じるならば、企業の成長を信じるのも当たり前

高橋　普段、お客さんと接するなかで何か心がけていることはありますか。

北尻　これは実は高橋さんから教えられたことなのですが、投資は単に儲かればいいというものではありません。投資は人間の生き方そのもの、人生そのものです。どういう対象に投資をするかにも、その人の品格が表れるし、生き方が反映されます。人間としていちばん不幸なのは、「お金を稼ぐためだけに働くこと」ではないでしょうか。私が考える幸せな人生とは、お金を稼ぐという部分ではお金自身に存分に働いてもらい、自分が働くのは、自分にしかない能力を使って他人を幸せにすることです。そうした幸せな人生を実現するために投資するのだということを、お客さんにもいちばんのメッセージとして伝えたいと思っています。

高橋　私はしゃべることが得意でもないし、好きでもありません。すべての話を同じトーンでしゃべってしまうので、どこまでお客さんに伝わったのか自信が持てないのです。北尻さんはしっかりとお客さんに伝わる表現を用いていて、実際にお客さんからの人気も非常に高いのですが、かつての芸人時代に得たノウハウのようなものはあるのでしょうか。

北尻　芸人をやっていたといっても18歳のとき、ほんの一時期ですけれど。前座で出演することが多かったから、出番の時間が短いのです。短い時間のなかで、大物タレントが出てくる前に、いかに会場を熱くするかが勝負でした。一瞬で人の心をつかんでしまわないといけないので、短い時間で聴衆に大きなインパクトを与える訓練はかなり積みましたね。

高橋　私は「リスクの呪縛」と呼んでいるのですが、リスクに関する誤った知識や情報が広まったことで、長期資産形成のスタート地点からリスクを気にし過ぎる日本人が目立つのも現実です。

北尻　長期的な株式投資でお金が増えるのは、企業が成長するからですよね。

企業が成長するからこそ、将来的に株価が上がってお金が増えていく。じゃあ企業って何だといえば、人間のかたまりです。つまり企業が成長するということは、人間が成長するということです。人間が成長するには時間がかかります。3歳の子どもが1年間で身長170センチにはならないように、どうしたって成長には時間がかかる。資産形成の絶対条件をひとつ挙げるとしたら、時間なのです。学校の先生で「投資は怖い」という人がけっこう多いのですが、そんなとき僕はこう言うようにしています。「将来的に株価が上がらないかもしれない、だから怖いと思うのならば、それは企業が成長しないという意味ですか？ あなたは人間が成長しないと思っているのですか？ それなら教師を辞めるべきとちゃいますか」。だって、成長しないと

思っている子に何を教えるのですか？　先生は子どもが成長すると信じているから教えるんだし、親は子どもが成長すると信じているから叱るんでしょう。人間が成長するのと同様に、人間のかたまりである企業も成長するんですよね。だったら株価は将来、上がるに決まっているじゃないですか。

IFAは世の中でいちばん客層が広く、ニーズが明確な仕事

高橋　いまIFAという仕事について、どのようなやりがいを感じていますか。

北尻　自分で株式ファンドに投資していても思うことですが、僕はお金が増える以上に、学ぶことが楽しいのです。投資に関してこれまで知らなかったことを学び、それをまた他人に教えて、その人が喜んでくれる姿を見るのが何とも楽しい。日々、自分が成長していくような感覚ですかね。仕事をする喜びとして、お金を稼ぐこともひとつではあるのですが、いちばん大きな喜びはやはり自分が成長することです。あとは社会的に、自分がどのようにその仕事で貢献でき

るかということ。もともと僕は、仕事でお金を稼ぐのはそれほど上手ではありません。そこはもう割り切るしか仕方がない。でも毎日、自分の成長を実感できたり、教えることによって他人が変わっていく姿を見られるのは、ＩＦＡという仕事の大きな醍醐味です。

高橋　北尻さんに教わるお客さんのなかでは最近、何か目立つ変化のようなものはありますか。

北尻　親御さんから「子どもにお金のことを教えてください」と言われることが多くなりました。そのとき大事なのは、最初はもちろん僕が教えますが、その後は家族で夕食をとりながらでも、お金の話を気楽にできる環境をつくってほしいということです。まさしく僕自身がそういう場所で育ってきましたから。ちょっと変な話になりますが、僕は

1995年の阪神・淡路大震災で死にかけたので、それから「明日なんかない」と思うようになりました。だから「今日できる最高のことをやろう」といつも考えています。当然、お客さんとは一生にわたって長いお付き合いをしたいですよ。でも、明日もし自分がいなくなっても大丈夫なように、お客さんを自立させたいというのがいちばんの願いです。ずっと寄り添うことはしたくない。自立した個人を育てていきたいと思っています。

高橋　最後に他のIFAの方々や、これからIFAを目指す人へ向けてメッセージをお願いします。

北尻　お金を稼ぐために、この仕事をしないでほしいと思いますね。この仕事は儲からないねとか、こうやったら儲かるよねとか、そういう視点でこのIFAという仕事を考えないでほしい。IFAは誰にでもできる仕事ではありません。自分にしかない能力をきちんと使って、他人を豊かにするという考え方が大事です。なかには自分の稼ぎで競争しようとする販売員もいるのですが、自分の稼ぎなんかどうでもいいんです。いかにどれだけ他人に儲けさせたか、そっちで競争するようになってほしいと思います。老若男女、お金にまったく関係のない人などいません。3歳の子どもでも「お金ちょうだい」と言うし、90歳を過ぎた僕の祖母も「お金とらんといて」と言っていました。みんなお金に対するニーズは同じで、手元のお金は増えた方がいいし、出ていくお金は少ない方がいいわけです。その意味で、IFAは世界中の人々がみんなお客さんになる可能性があり、しかもニーズが明確に見えています。僕は眼鏡をかけないので、眼鏡屋のお客さんにはなれませんが、眼鏡をかけている人も、かけていない人も、誰だってお金は増えた方がいい。IFAは世の中でいちばん客層の広い仕事ではないでしょうか。

加えて、証券仲介業の仕事は不幸になる人が誰もいないのです。僕がかつてやっていた保険代理業は、販売員が儲かるとお客さんが儲からず、反対にお客さんが儲かると販売員が儲から

ない仕組みでした。誰も損をしないという点が、ＩＦＡの素晴らしいところです。お客さんのお金は株式投資でじっくりと時間をかけて増えていきますが、ＩＦＡという仕事も時間をかければかけるほど、しっかりと成長していきます。人生を賭けて取り組むに値するビジネスなので、若いときから始める人がたくさん出てくればいいですね。ただし、短期で儲かるわけではないので、2〜3年といった短期で答えを出そうとしないでほしい。望遠鏡で遠い未来を見るように成長モデルを描いてほしいと思います。

第2章

投資の「技」

長期的な資産形成に役立つ知識と方法論

ＩＦＡと個人投資家、運用会社、投資先企業はパートナーである

ＩＦＡは個人との間でインセンティブを共有しやすい

プロローグでも触れたように、過去20数年間で日米の個人金融資産の格差は２・５倍から8・3倍まで拡大しました。その大きな要因として、個人金融資産の中身の違いを挙げることができます。日本は資産全体の50％超が現預金ですが、米国は50％超が株式および投資信託となっています。日本では１９９０年代の後半から「日本版・金融ビッグバン」「貯蓄から投資へ」「資産所得倍増プラン」など、政府がさまざまなスローガンを掲げるとともに、ファンドの銀行窓販や各種の投資優遇税制など、国民に投資を促すための施策を相次いで導入してきました。それでも日本人は投資に動かなかっ

たのです。

このような現状を打破できる存在として、いま脚光を浴びているのがＩＦＡです。私は主に２つの点でＩＦＡに期待を寄せています。ひとつはＩＦＡが顧客である個人投資家との間で、コツコツと長期で資産形成を目指すというインセンティブを共有しやすいこと。もうひとつが、インセンティブを共有するがゆえに、個人投資家から信頼されやすいことです。日本人に正しい投資を促し、まっとうな資産形成を普及させるチャネルとして最も適しているのがＩＦＡだと考えられます。

日米の家計金融資産構成の比較（2024年3月末）

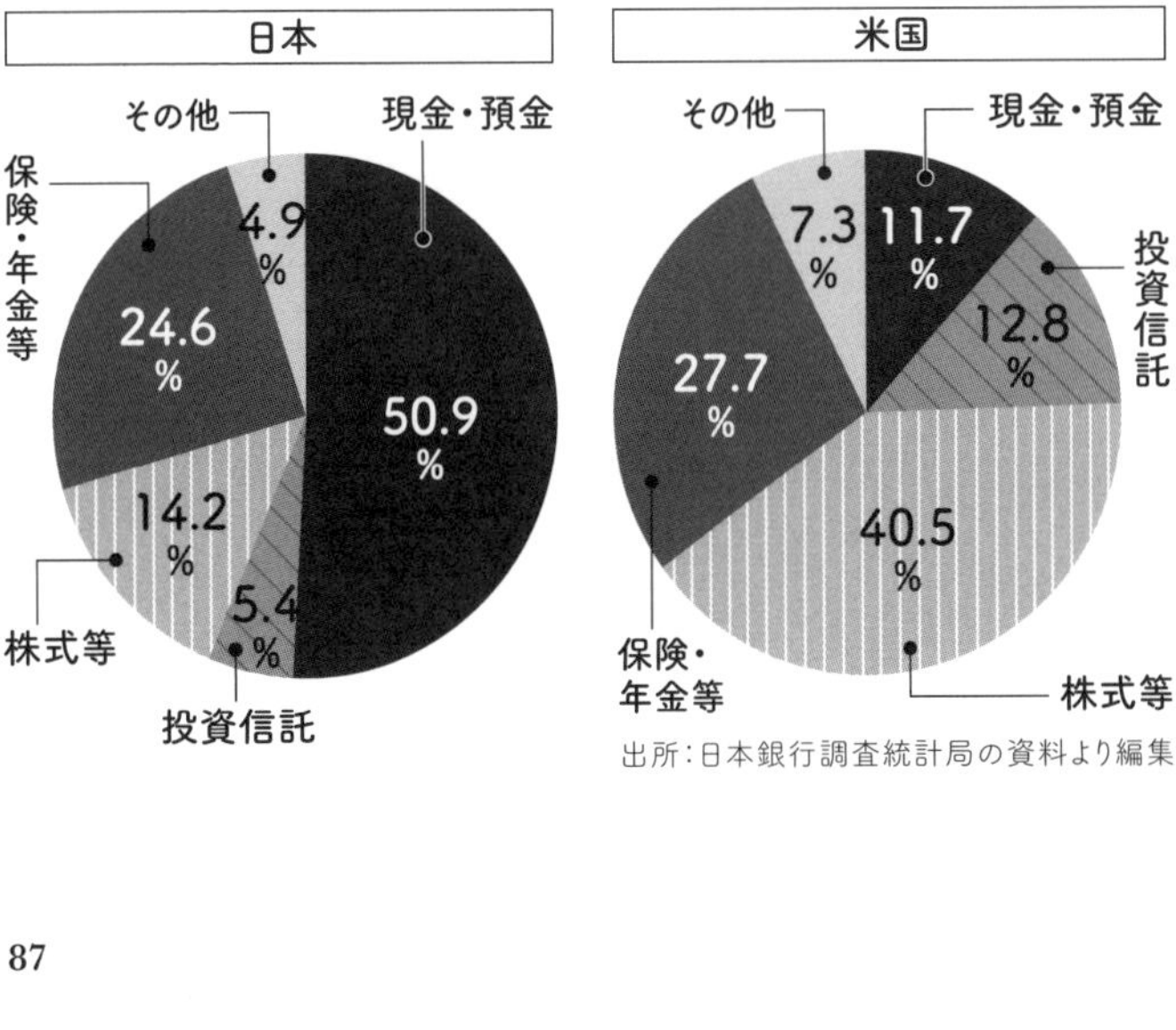

出所：日本銀行調査統計局の資料より編集

私たちコムジェスト・アセットマネジメントが普段お付き合いさせていただいているIFAの9割以上は、保険代理業を営んでいる方々です。銀行や証券会社のように転勤がないため、地元で個人に密着したアドバイスを継続することができます。たとえば今後20年程度は保険代理業をメインの生業とし、同時にIFAとして顧客の積み立て投資をサポートしていくと、20年間で取扱資産が大きく積み上がります。将来的には取扱資産から入る信託報酬などのフィーで生活したり、自身の老後資金をまかなうといったことも可能になります。

あるIFAは「富裕層はお客さんにしません。20年後、30年後の富裕層をつくることが自分の使命です」と言い切っています。その人はIFAを始めてまだ数年ぐらいですが、長期資産形成という考え方が合わない顧客には入ってきてほしくないため、営業はいっさいおこないません。口コミのみで顧客を広げ、自身がリタイアするまでに、取扱資産を100億円程度まで増やすことを目指しているそうです。顧客が100人だとすると、1家計あたり1億円の資産をつくることになります。そうした明確なゴールがIFAと個人投資家の間で完全に共有されているわけです。

IFAにどれだけ貢献できるかが私の最後のチャレンジ

セミナーを開催すると、IFAはもちろん彼らが連れて来たお客さんも含めて、長期資産形成に対する並々ならぬ熱意に驚かされます。セミナー後すぐ、フェイスブックなどにコメントを上げてくれるIFAが多いのですが、そこにはお客さんの反応などもたくさん紹介されています。たとえば「宝くじを買いたくなくなった」「息子にも聞かせたかった」「ネット上には『オルカン』やS&P500の話ばかり出ていて、自分も投資すべきか悩んでいたけれど、モヤモヤがすっきりしました」――などなど。

あるセミナー会場では終了後に、「今日のお話に感動しました」とお客さんから泣きながら御礼を言われたこともありました。私自身、過去には銀行や証券会社が主催するセミナーで話をしたことも何度かありますが、こんなに多くのコメントや反応をいただけるのはIFA向けセミナーが初めての経験です。資産運用の仕事をやっているという手応えが、これまでとは全然違います。

私が1997年にスカンディア生命保険の立ち上げに関わった当時、米国ではすでにＩＦＡが主力のファンド販売チャネルとして、個人投資家に寄り添いながら資産形成をサポートしていました。それが過去20数年間で、日米におけるファンド保有比率の大きな差を生んだという側面もあるでしょう。スカンディア生命でＩＦＡ研修を企画した後、私は2000年にフィデリティ投信へ移ったため、ＩＦＡという素晴らしい販売チャネルの普及を推進する機会を逃してしまいました。現在のコムジェスト・アセットマネジメントで、そうした積年の夢をかなえるチャンスがようやく巡ってきたのです。

コムジェスト・アセットマネジメントならば、ＩＦＡという存在を全面的にバックアップすることが可能です。一般的な運用会社は月間の数字を求めるところが多いため、ＩＦＡを通じてお客さんに月2万円や3万円といった積み立て投資を積極的に推奨することができません。コムジェスト・アセットマネジメントにとってはＩＦＡも個人投資家も投資先の企業も、「長期的な資産（利益）の成長」という同じゴールに向かって共に歩んでいくパートナーです。ＩＦＡが長期的に取扱資産を増やすこと、そして個人投資家が長期的な資産形成に成功することを心から願っている会社です。

私としてはキャリアの終盤に来て、本当に素晴らしい会社に巡り合えたという思いを強く感じています。これから日本全国でＩＦＡはどんどん増えていくでしょう。そういう方々にも、私が過去にセミナーや勉強会でお話ししてきたことを、正しい資産形成のあり方として伝授していきたい――。ＩＦＡの皆さんにどれだけ貢献できるか、最後のチャレンジのつもりで書いたのが本書なのです。

自分で運用会社を訪問し、ファンドを定性評価するＩＦＡも

先ほど、すべての関係者が同じゴールを目指すパートナーであるというお話をしました。これは結果として、それぞれの間に好ましい緊張関係をもたらします。個人投資家は、自分の長期資産形成を的確にサポートしてくれる優秀で相性の良いＩＦＡを選びます。ＩＦＡは、お客さんの長期資産形成に資する優れた株式ファンドを選びます。なお、ここでいう株式ファンドとは「アクティブファンド」を指しています。後ほど詳しく説明しますが、インデックスファンドは個人の投資対象としてさほど魅力はないと考えているため、いっさい含みません。

運用会社は個人投資家に長期で可能なかぎり高いリターンをお届けするため、長期的により高い利益成長が期待できる企業を選別して投資します。企業は運用会社から長期投資の対象として選ばれるため、これまで以上に利益成長性（企業価値）を高めることに注力します。このような好循環のなか、それぞれにとってゴールに到達する確度が高まっていくことになります。インセンティブを一致させるという観点からは、個

人投資家と同様に、ＩＦＡや運用会社のファンドマネージャーも自分のお金をファンドに入れることが重要です。

ＩＦＡには優れた株式ファンドを見きわめる能力が求められるわけですが、まだＩＦＡは人によってレベルの差が大きいため、みんなが同じようにできるわけではありません。たとえば第2章の最後で対談をお願いしたr-Laboratoryの上地明徳さんは、ＩＦＡがお客さんに勧めるファンドの条件を自ら設定し、国内に現存する約６０００本の公募投資信託のなかから6本だけを選んで、それらをデフォルトの推奨ファンドとしています。つまりＩＦＡのプラットフォームが、ＩＦＡに代わって優れた株式ファンドを見きわめるという仕組みです。

一方で、ＩＦＡのなかには自身でファンドの定性評価に乗り出す人も現れています。あるＩＦＡはアナリストの資格を取り、自分で運用会社にアポを取って、仲間のＩＦＡとともに複数の運用会社を訪問しています。ファンドマネージャーの査定方法やパフォーマンスの詳細など、事前にいくつかの質問項目を用意していき、それに答えてもらうのです。運用会社もまさかいろいろ質問されるとは思っていなかったでしょう。こういった頼もしい取り組みが、今後は多くのＩＦＡに広がっていくといいですね。

セミナーを通じて高校生が企業を就職先として意識

個人のなかにも興味深い動きが見られます。ＩＦＡがセミナーに高校生や大学生を連れて来ることがあるのですが、そんなとき、私は企業の話を中心に内容を組み立てるようにしています。「こんな会社で働いてみたいと思いませんか?」などと語りながら、投資先の企業を紹介していくのです。他の運用会社では投資先企業の紹介にそれほど力を入れていないようですが、私たちは1社について30分から1時間、参入障壁など会社の強みを中心にみっちりと説明します。セミナーに何度か来てくれた高校生は、ＴＳＭＣ(台湾セミコンダクター)に就職したいということで、いま台湾の大学に留学しています。

ある大学生からはこんなことを言われました。「セミナーで話を聞いて3つの良い会社が見つかったのですが、どうしたらいいですか」。残念ながら働ける場所はひとつだけです。「あと2つはあなたが社会人になったら投資して、自分の代わりにお金を働かせてください」と私は答えました。個人投資家にとって株式投資の意義は、長期的に資産を形成することと、間接的に社会参加することです。自分の仕事以外にも世の中にはいろいろな仕事があり、それぞれが社会の役に立っている。だから自分のお金を働かせることによって、間接的にその会社でも働くのです。社会に貢献する会社を知る機会としても、セミナーや金融教育の場がもっと活用されればいいと思います。

余談になりますが、いま学校で始まっている金融教育について、お金や企業の話は教えるべきだけれども、投資のテクニカルな話は教えない方がいいというのが私の考えです。投資のテクニックを教えたつもりが、PERを見て短期的に株式を売買するなど、往々にして投機を教えることになりがちだから…。子どもに投機を教えてはいけません。教える側は最初に「投資」と「投機」の違いをよくよく考えて金融教育に臨むべきです。

インデックス運用が抱える数々の問題点

運用会社はどんどん「やすき」に流れている

インデックス運用の問題点はたくさんあります。なかでも私のような運用会社の経営者という立場からみると、アクティブ運用のファンドマネージャーが育たないという点が大問題です。この話はとくに強調したいので、最初に詳しく紹介しておきたいと思います。

ファンド(投資信託)という形態は、そもそもアクティブ運用からスタートしました。アクティブ運用とはファンドマネージャーやアナリストが企業の調査・分析をおこない、長期的に有望な企業を厳選して投資する仕組みです。私たちコムジェスト・アセットマネジメントの場合には、「株価は長期的には企業の利益成長に連動する」という考えにもとづき、利益が長期的・持続的に成長していく企業を選別します。そうした企業を見きわめる目が、いかに高い運用リターンを創出できるかという付加価値につながり、それがビジネスとして確立されてファンドになったわけです。

一方のインデックス運用は、ファンドの値動きを特定の指数に連動させるだけなので、そこに特別な能力は介在しません。いわば機械的な作業によってファンドが運営されていくことになります。流動性の供給という機能が期待できるため、インデックスという運用形態が一定程度はあってもいいと思いますが、それが主流になるのは大きな問題です。

インデックス運用は企業の調査・分析に手間ひまがかからない分、運用会社にとっては信託報酬という実入りが少なくなりますが、それでも日本の多くの運用会社は「残高が多く集まるならいいや」と考えているように見えます。厳しい言い方をするならば、付加価値に乏しい薄利多売のインデックスファンドを提供することで、運用会社はどんどん「やすき」に流れています。これではアクティブ運用のファンドマネージャーが育たないし、ある意味で運用会社の自己否定にもつながります。

優秀なファンドマネージャーを育ててこその「資産運用立国」

日本では岸田政権が「資産運用立国」という目標を掲げて、金融庁でもこの言葉を盛んに使っています。でも資産運用立国って、いったい何のことですか？ そこから先の具体的な内容がなかなか見えてきません。立国とはすなわち、国を立てることですよね。これからその道で食っていこうと腹をくくるのならば、日本の運用会社がアクティブ運用のファンドマネージャーを自前で育てるべきではないでしょうか。海外の投資家が「パフォーマンスが優れているのでぜひ投資したい」と言ってくるような競争力を、日本のアクティブファンドが身につけなければ話になりません。

でも実際には「外資系の運用会社を呼んでこよう」などといって、真逆のことをやろうとしています。スタートの時点で外資の力を借りて、ノウハウを吸収すること自体はいいとしても、本当に重要なのは日本の運用会社が優秀なファンドマネージャーを育てることです。なぜなら資産運用業界において、真の参入障壁になるのはファンドマネージャーのリターン創出能力だから。資産運用ではバックオフィスも大事ですが、バックオフィスではコスト低減などの貢献はできても、参入障壁になりません。

コムジェスト・アセットマネジメントも外資系(フランス)ですが、利益の大半は配当金としてパリに持って行かれます。外資系の運用会社が日本へ来たら、その利益は本国へ戻ってしまうのです。それで立国はないでしょう? 持続的に高いパフォーマンスを出せるファンドマネージャーを育てるには、優に10年ぐらいはかかります。ファンドマネージャーの育成に腐心されている日本の運用会社も多々あるとは思いますが、近視眼的な考え方ではまず無理です。それこそ昔の漫画『タイガーマスク』に出てきた「虎の穴」のように、10年かけてファンドマネージャーをスパルタでもいいから必死に育てることが必要です。

国がそういう機関をつくってもいいかもしれません。松下政経塾のような財団法人でもいいし、大学の育成コースでもいいから、志の高い人材を集めて政府がバックアップする。そういうアイデアがあって然るべきだと思うのですが、なかなか出てきません。

かつての日本は貿易立国でした。私の父親も商社マンだったのですが、本当に休みなく働いていましたよ。ああいうお父さんたちが、戦後の日本を焼け野原から復興させ、世界第2位の経済大国まで押し上げたのです。資産運用立国を目指し、それぐらい覚悟を決めて取り組みたいものです。

「適正な株価形成」という市場の機能を阻害する

ここからはインデックス運用が抱える数々の問題点をまとめて紹介していきます。日本では現在、株式ファンドの運用残高に占めるパッシブ(インデックス運用)の割合が約7割に達しています。これは米国や欧州を上回るシェアの大きさです。インデックス運用が多数派になると、株式市場の本来的な機能である「適正な株価形成」を阻害することになります。たとえば利益成長性の高い企業は株価が上昇し、赤字続きの企業は株価が下落するというのが本来、市場のあるべき姿です。ところがインデックスファンドは、株価指数の動きに合わせて構成銘柄をまるごとバルク(かたまり)で売買します。

ある赤字企業が日経平均株価を構成する225銘柄や、S&P500を構成する約500銘柄に入っていれば、それらの指数への連動を目指すインデックスファンドが無条件で売買することになります。そこでは企業業績など関係ありません。インデックスファンドはダメな会社にも平気で投資します。まるで「赤信号、みんなで渡れば怖くない」を地で行くかのように。反対に、良い会社でも平気で売ってしまいます。インデックス運用では、青(良い会社)や赤(悪い会社)といった信号自体が機能しないのです。

こうした株価形成のゆがみは、市場全体の数%ぐらいなら無視できる範囲内だし、1割でも流動性の供給という観点でみれば全然OKでしょう。株式市場におけるインデックス運用の意義をあえて挙げるとすれば、流動性の供給です。投資家が売買したいときに、インデックスファンドが買ったり売ったりしてくれるわけですから。でも、7割というのはもはや異常事態です。適正な株価形成に寄与せず、盲目的に銘柄の売買を繰り返すという意味で、インデックス運用はアクティブ運用の「タダ乗り」と見なすこともできます。東京駅や大阪駅の乗降客のうち、7割の人が無賃乗車したらJRは潰れますよ。そんなことが、今日の株式市場では現実に起きているといえます。

赤字企業や低成長の企業がゴロゴロ入っている

実際問題として、TOPIXやS&P500には恒常的に赤字企業が5〜10%の割合で含まれています。いわゆる0%成長や1%成長の企業まで範囲を広げれば、全体に占める割合は恐らく10〜30%に増えるでしょう。赤字企業や低成長の企業がゴロゴロ入っているのがインデックスです。そのこと自体が悪いというわけではありません。TOPIXには基本的に東証プライム市場の全銘柄が、S&P500には米国株式市場で時価総額が上位の約500銘柄がそれぞれ機械的に組み込まれます。私が言いたいのは、そのことを皆さんは知っていますかということです。

手数料(信託報酬)が安いからといって、インデックスファンドの中身も確かめずに投資するのは、いわば年始に売り出される「福袋」を買うようなものです。福袋には前年の売れ残り商品も多分に含まれているはずです。本当に欲しいものが2割ぐらいしか入っていないのなら、その2割だけ別口で買えばいいのにと私は思いますけどね。繰り返しますが、インデックスは福袋です。本当は株式市場から退出してもらった方がいいようなゾンビ企業、つまりは「死に体《たい》」のような企業もそれなりに含まれています。

インデックスは「市場平均」であり、市場の平均値をまるごと買えるのは効率が良いと思っている人が多いかもしれません。でも実は、インデックスは本当の意味での市場平均ではありません。2024年7月末時点で東京証券取引所のプライム、スタンダード、グロースの各市場に上場する企業の合計は3839社にのぼりますが、TOPIXはこのうちの2135銘柄によっ

TOPIXとS&P500に含まれる黒字企業と赤字企業の構成比

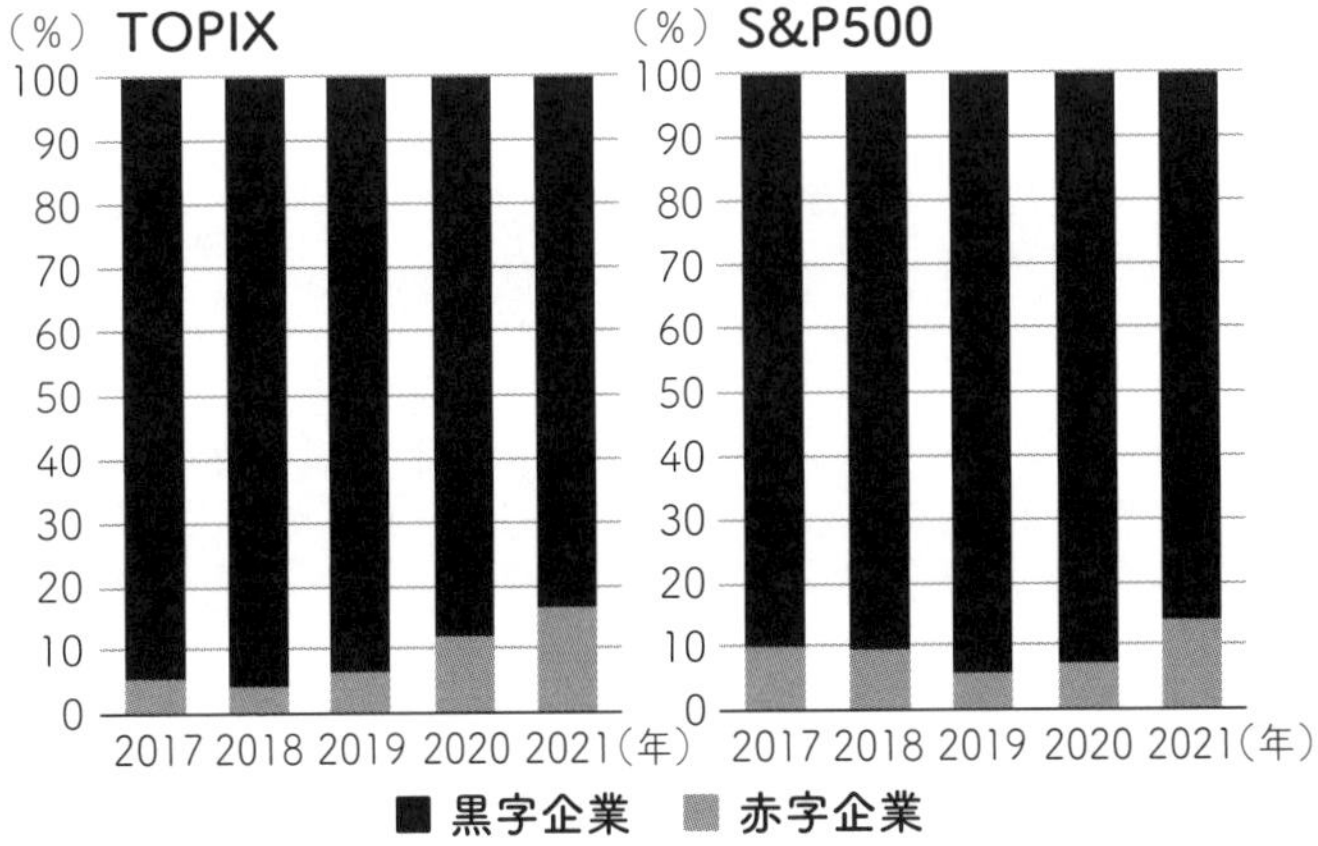

出所：ファクトセット、各種データを基にコムジェスト作成

て構成されています。テレビや新聞のニュースでお馴染みの日経平均株価を構成するのは225銘柄だし、米国のダウ平均(ダウ工業株30種平均株価)を構成するのは30銘柄です。これらの株価指数は、数多くの上場企業から一部をピックアップして特定の銘柄群をつくり、それらの株価の平均値を示しているにすぎないのです。

また、TOPIXは東京証券取引所(親会社は日本取引所グループ)の商品であり、日経平均株価は日本経済新聞社の商品です。ダウ平均とS&P500は、ともにS&Pダウ・ジョーンズ・インデックス社の商品です。このようにインデックスは基本的に誰かが商品として、対価を取って提供しているものであり、公的な指標ではありません。コムジェスト・アセットマネジメントでも、世界的な指数算出会社であるMSCI社に多大な使用料を支払っています。ニュースで日経平均株価やダウ平均が使われているのは、単に算出の歴史が古く、戦前からの継続的なデータが残っているからです。インデックスには公益性など、いっさいないと覚えておいてください。

非人道的な兵器を製造・販売する会社も含まれている

銘柄入れ替えの問題もあります。たとえばS&P500では2021年3月に、ペン・ナショナル・ゲーミングというギャンブル施設運営会社が構成銘柄として新たに加わりました(その後、指数から外れています)。S&P500に入った当時、同社の株価は直近の1年間で40倍近くまで上昇していました。要するに、時価総額が大きく増えたから指数に組み入れられたのです。ダウ平均では2020年に、総合エネルギー企業のエクソンモービルが指数から外れました。同社は当時、ESG(環境・社会・企業統治)面の問題などから、直近の2年間で株価が5割ほど下落していました。

ここでよく考えてみたいのですが、アクティブ運用のファンドマネージャーならば、ペン・ナショナル・ゲーミングの株価が40倍になる前に買っているだろうし、エクソンモービルの株価が半減する前に売っているでしょう。インデックス運用では多くの場合、高値になってから買い、安値になってから売るという具合に、非効率な「相場の後追い」になってしまうのです。これも良い悪いという話ではありません。インデックスとは、もともとそのような「つくり」になっているということです。

インデックスにはＥＳＧの観点からはもちろん、倫理的に問題視されるような企業も含まれています。２０２３年末の時点で、たとえば通称「オルカン」と呼ばれるインデックスファンドが連動を目指す世界株指数「ＭＳＣＩ ＡＣＷＩ」（ＭＳＣＩオール・カントリー・ワールド・インデックス）には、軍需関連企業が34社含まれていました。そのうち核兵器の製造・販売等にかかわる企業は24社で、組入比率は指数全体の1・7％に相当します。Ｓ＆Ｐ５００には同じく核兵器の製造・販売等に関わる企業が12社含まれており、組入比率は指数全体の2・2％にのぼります。

もちろんＭＳＣＩ ＡＣＷＩにもＳ＆Ｐ５００にも良い会社はたくさん入っていますが、同時に非人道的な兵器を製造・販売する会社も少なからず入っているのです。この事実について、皆さんにはぜひとも真剣に考えてほしいと思います。プロローグで書いたように、長期資産形成は単に金儲けだけが目的ではありません。子どもたちに豊かな日本を遺していくという目的もあるなかで、いわゆる「どす黒い」企業にも平然と投資していいのでしょうか。大袈裟にいうならば、MSCI ACWIやS&P500に連動するインデックスファンドに10年間投資すると、その人は10年間にわたって〝非人道的な活動〟に加担し続けることになります。

米国では2024年の春以降、大学に反イスラエルの抗議活動(デモ)が広がりました。パレスチナ自治区ガザを実効支配するハマスに対してイスラエルが攻撃を続け、何の罪もないお年寄りや女性、子どもを含む4万人以上のパレスチナ人が殺されているからです。学生たちは大学基金によるイスラエル投資の引き揚げも要求しています。「イスラエルの軍需産業などに投資しているのなら、もう投資はやめてほしい」。「自分たちの払った授業料がそういう企業に投資されて、人々を傷つけることに使われるのは、もう耐えられない」。若者の切実な訴えにもかかわらず、1000人以上の学生が逮捕されて、なかには停学や退学になった人もいるようです。

2022年に始まったロシアのウクライナ侵攻も、まだ終わりが見えません。もちろんウクライナの人々は犠牲者ですが、プーチン大統領によって強制的に戦地へ送り込まれているロシア側の若い兵士たちだって犠牲者です。ＭＳＣＩ　ＡＣＷＩやＳ＆Ｐ５００に入っている企業が兵器を製造・販売して、彼らを傷つけ続けているのです。こうしたことを考え、自分のお金の行き先に責任を持つことも、投資の大切な側面のひとつです。

「インデックスvs.アクティブ」という大間違い

クローゼット・トラッカーというインチキ商品は問題外

私がいうアクティブファンドとは、ファンドマネージャーが真摯に長期運用と向き合っているファンドに限ります。実は、アクティブファンドのなかには「クローゼット・トラッカー（隠れた市場追随者）」と呼ばれるインチキ商品も含まれています。そんな偽物のアクティブファンドは問題外です。金融庁の「資産運用業高度化プログレスレポート2021」では、次のような指摘がなされました。

◆アクティブ運用をおこなうとしながら実質的にはインデックス運用に近いファンド

（クローゼット・トラッカー）の問題が指摘されている。これらのファンドは、超過収益の獲得を運用方針に掲げ、高めの信託報酬を徴収するにもかかわらず実際にはインデックスファンドと変わらないポートフォリオ運用に終始している可能性がある。

◆全体的に見ると、クローゼット・トラッカーのネットパフォーマンスは、純粋にアクティブ運用されているファンドのネットパフォーマンスよりも悪い。

真のアクティブ運用のファンドマネージャーは「常在戦場」です。この言葉は「いかなるときも常に緊張感を持ち、真剣に事に当たれ」という意味で、江戸時代に越後長岡藩（現・新潟県長岡市）の精神規範とされたものです。信越化学工業の故・金川千尋会長にも同名の著書があります。すなわち、本当に優れた人たちがファンドの運用を一生の仕事と決め、日々、緊張感をもって真剣に取り組んでいるのがアクティブファンドなのです。

プロ意識のかけらもなく自らをおとしめるのがインデックスファンド

コムジェスト・アセットマネジメントのアナリスト兼ポートフォリオ・アドバイザーであるリチャード・ケイは、めちゃくちゃ優秀な人物です。オックスフォード大学を出て、英国人ですが日本語、フランス語、ドイツ語、スペイン語、ギリシャ語にも長けています。1994年に日本興行銀行のロンドン支店に就職して、ハイテクのアナリストを長く務めたため、テクノロジー分野の知識はすさまじいものがあります。なおかつ、すごく人が良くて、私が心から尊敬する素晴らしい人格者です。

そういう人間が起きている時間のほとんどを企業の調査・分析に費やし、わき目もふらず、まさに全身全霊で運用に取り組んでいるのが真のアクティブファンドです。だから、優れたアクティブファンドをインデックスファンドなどと比べてほしくありません。ちまたでは「インデックスvs.アクティブ」のような言い方がよくされますが、私はこうした比較の構図自体が大間違いだと思います。インデックス運用は単なる作業であり、インデックス運用のファンドマネージャーに命を削って仕事に取り組んでいる人などいないでしょう。

たとえばプロ野球は、毎年ドラフトで多くの新人が入ってきて、同時に多くの選手が辞めていく、本当に実力勝負の厳しい世界です。それが全員、年俸５００万円ぐらいで普通にプレイするだけでいいとなったら、そんなスポーツには価値がないので誰も試合を観なくなるでしょう。そこにはプロ意識のかけらもなく、プロ野球が自らをおとしめることになります。私はそれがインデックスファンドだと思っています。

レストランで「いちばん安いものを下さい」と注文するのか

１９９０年代の後半だったと思いますが、アクティブ運用は信託報酬が高い分、統計的にインデックス運用には勝てないというレポートが出回って、以降、その内容が米国でも日本でも繰り返し喧伝《けんでん》されてきました。でも、それはきわめて限定された期間の話であり、長期でみれば運用成績がインデックスを上回っているアクティブファンドはたくさんあります。前述したクローゼット・トラッカーを除外すれば、アクティブ運用の勝率はもっと高くなるといったレポートも、その後に発表されているのですが、なぜだかマスコミもFPもまともに取り上げようとしません。結果として、投資の初心者が信託報酬の低さを重視してインデックスファンドを購入するケースが増えました。

なかにはウォーレン・バフェット氏がS&P500を勧めているから、自分もS&P500連動型のインデックスファンドを買うという人もいますが、バフェット氏の「株主への手紙」をよく読んでみてください。キャッシュとして置いておくぐらいなら、S&P500に投資した方がマシという趣旨で書かれているのです。事実、バフェット氏はS&P500に投資していませんからね。意地悪な見方をすれば、どうせファンドの銘柄選びができないのだから、あなた方はS&P500でも買っておきなさいと彼は言っているわけです。

投資の初心者がアクティブファンドを選ぶにあたって、どの商品を選んだらいいのか分からない、ならば「エントリー商品としてインデックスファンドから始めてください」というアドバイスは全然ありだと思います。しかし、投資の入り口で人々の目を「手数料」に向けさせてしまったのは大きな間違いであり、マスコミやFPと同様に、資産運用業界にも責任があるでしょう。本当に情けない話です。

手数料だけでインデックスファンドを選ぶ人は、レストランに入って「いちばん安い定食を下さい」と注文する人と一緒です。多くの個人投資家が安いというだけでインデックスファンドを選んで、実際にどのような企業に投資されているのかさえ知りません。どんな人だって食べたいものがあるように、なにがしか投資

したい企業はあるはずなんですけどね。インデックスファンドの隆盛により、適正な株価形成機能が阻害されたり、倫理的に問題のある企業にお金が流れたりしているのは、前述したとおりです。これは運用会社が個人投資家を、手数料というお金で釣ったことの弊害といえます。

似たようなエピソードをひとつご紹介しましょう。かつてインドの地方で、コブラが大発生するという事件があったそうです。そのとき役人は、「コブラを捕まえて持ってきたら1匹あたり○○ルピーで買う」とお金で人々を釣りました。いつの時代にも悪い奴はいるもので、ある人物がコブラを人工的に繁殖させて、まとめて役人の元へ持っていきます。ところが今度は役人が「買わない」と突っぱねたため、結果として以前よりも余計にコブラが増えてしまいました。この騒動と顛末も、お金で釣ったことの弊害です。

私が議論したいのは「良いアクティブvs.悪いアクティブ」

私が議論したいのは「インデックスvs.アクティブ」ではなく、「良いアクティブvs.悪いアクティブ」です。その話でネットが盛り上がるようならば、個人の長期資産形成にも好影響をもたらします。「Aというアクティブファンドはこの点が評価できる」「Bというアクティブファンドはいまパフォーマンスが下がっているけれど、その理由は分かっているから長期的には期待できる」――。こんな議論ができる人が増えれば、個人投資家の全体的なレベルはぐっと上がるだろうし、ファンドマネージャーを育てることにもつながります。つまりはパフォーマンスの向上に跳ね返ってくるわけです。

だって皆さん、「この寿司屋は美味しい」などと普通に評価しているじゃないですか。芸術でもそうでしょう。クラシック音楽ならどこのフィルの指揮者がいいとか。ファンドは定性的な評価が難しいと以前から言われてきましたが、実はファンド以外のものについて人々はたいていの場合、定性評価をおこなっています。ファンドも簡単ではないけれど、やる気になればできるのです。しかし、多くの人がそれを自ら放棄してしまっている。やすきに流れて思考停止に陥っている。

その結果が、MSCI ACWIやS&P500に連動するインデックスファンドの人気です。相場の世界では昔から「人の行く裏に道あり花の山」といわれます。投資家はとかく群集心理で動きがちですが、それでは大きな成功は得られません。むしろ他人とは違うこと、反対のことをやった方が、うまくいく場合が多いのです。そうした意味でも、良いアクティブファンドを選ぶという観点に注目してほしいと思います。

運用会社も、どうせインデックスファンドに注力するなら、「うちは100%インデックスファンドの会社になる」という決断があってもいいのではないでしょうか。私は正しいとは思いませんが、それもひとつの考え方です。アクティブファンドのようなコストはいっさいかけず、運用の全工程を機械化して、指数への連動作業はたとえばAIに任せるとか。運用会社の経営者が10年先までのビジョンを見据えて、他社との差別化を図るならば、思い切り尖《とが》った経営に踏み切る方がいいような気がします。

Column

インデックスという怪物が勝手に独り歩きを始めた

インデックスは人為的に生み出されたものであり、最初は市場全体の上がり下がりを見る指標として用いられました。それだけなら、まだ良かったのです。いつの頃からか、機関投資家が自分たちの運用成績（期間収益）を評価する基準として「インデックスに勝った、負けた」でアクティブファンドの良し悪しを測るようになりました。しかしながら、20年〜30年の長期資産形成をおこなう個人投資家にとって、1年間の期間収益がインデックスに勝ったか負けたかなど、まったくどうでもいいことです。

気が付いたら、人為的に生み出されたインデックスという指標が、まるでフランケンシュタインのような「怪物」になって勝手に独り歩きするようになってしまいました。現在ではその独り歩きがファンド運用の主流になっていますが、そもそもインデックスは個人投資家にとって運用成果の指標にはなり得ません。個人投資家にとって運用成果の指標になるものがあるとすれば、たとえば「10年間での絶対リターン＋インフレ率」などでしょう。その観点でアクティブファンドの運用力を比較するわけです。

ポスト・インデックスファンド時代をみんなでつくる

本文でも少し触れましたが、「このファンドは最近調子いいね」とか「あのファンドはクローゼット・トラッカーだから問題外」など、アクティブファンドを巡ってさまざまな話題がYouTubeで飛び交うようになることを私は夢見ています。いわば、ポスト・インデックスファンド時代の幕開けです。人々が「そういえば昔、インデックスファンドというものがあったよね」「まだインデックスファンドなんかに投資しているの？」と話すようになる時代が、遅くとも10年後には来てほしいと願っています。

そのために、私たちはいま何をすべきでしょうか。ひとつは正しい知識の普及に努めることです。もうひとつ、アクティブファンドを巡る議論がしやすいプラットフォームを構築するなど、ポスト・インデックスファンド時代をみんなでつくっていく努力も必要です。

アクティブファンドのシェア拡大は、日本の将来にとってためになります。良いアクティブのファンドマネージャーをどんどん育て、パフォーマンスをどんどん上げて、この国の資産を増やしていくのです。日本の将来や子どもたちの未来を考えたとき、インデックスファンドが主流になっている現状を看過するのは「未必の故意」と言ってもいいでしょう。つまりは犯罪につながってもいいと、開き直っているようなものです。

過去20年間、日本の個人金融資産の50%超を現預金が占めるという状況は変わっていません。「昨日までと同じことを今日もやって、違う結果を期待する人」という愚か者の定義があるように、いままでと同じことをやっていてもダメなのです。痛みを伴う覚悟で大きくドラスチックに変えていかないと、20年後も状況は同じままでしょう。

インデックスファンドを多くつくっている運用会社は、痛みを嫌う人ばかりの集まりだから、恐らく変えられないと思います。だから正しい長期投資の普及を目指している運用会社が、どんどん声を上げて問題提起していくしかありません。同じ志の会社や人々に声をかけて、連携しながらみんなで盛り上げていくことが、私にとっては最後の仕事のひとつとなります。

既存の銀行が長期の資産形成に向かない理由

国民に長期資産形成を根付かせる仕組みを持っていない

日本では昭和の時代に「資産形成」や「資産運用」という言葉はありませんでした。「投資」という言葉はありましたが、それも当時は100%、投機でした。年号が昭和から平成に変わった段階で、年金の問題はいたるところで議論されていました。1996年に国が「日本版・金融ビッグバン」という構想を打ち出したのは、将来的な行き詰まりが予想される年金を補完するため、日本国民に資産形成を促すという目的があったわけです。98年には投資信託の銀行窓販が解禁され、外資系運用会社の日本市場への参入も進みました。

本来はそこで軌道修正が図られるべきでしたが、残念ながら実現しませんでした。その証拠に、日本の個人金融資産はいまだに50％超が現預金です。これはどこの誰が悪いというわけではないでしょう。たとえば銀行は単年度ベースで業績を評価するため、国民に長期資産形成を根付かせるような仕組みをそもそも持っていません。長期投資という部分での評価制度がないうえに、3年から5年程度で転勤するのが一般的なため、「顧客の資産を10年間でこれだけ増やしました」といった形の人事評価ができないのです。

だから投資信託の銀行窓販は、単純に投資信託の販売窓口として銀行を借りるのはいいけれど、実際の販売を銀行に委ねるべきではなかったと言うことができます。これは行員の問題ではなく、銀行というシステムの問題です。こうした構造が変わらない限り、顧客である個人と銀行の間に本当の意味での信頼関係は生まれません。

やるのなら個人の積み立て投資を本気で促してほしい

銀行それぞれに経営方針はあるので、すべての銀行が投資信託で個人に資産形成を促す必要はないと私は思います。とくに地方銀行であれば、地域の発展がひとつの重要な責務なので、そこに立ち返って地域に根差した経営に注力すべきではないでしょうか。投資信託の販売をやりたくないのなら、無理にやらなくてもいい。ただし、やるのなら個人の積み立て投資を本気で促してほしいのです。

「失われた20年」という言葉は、まさしく銀行のためにあると思います。過去20年間で個人の積み立て投資をまともに推進していたら、いまごろ銀行経営は左うちわでしょう。預貯金に滞留している個人金融資産1100兆円のうち、10%の110兆円でも投資信託だったらということです。本当に腹をくくって、これから20年間で思い切り投資信託の積み立てを増やすという考え方もあります。預金をいくら集めても貸出ニーズがそれほどないのであれば、それぐらい大胆に経営の舵を切らないとすべてが先細りになっていきます。

地方では現在、人口減少が進んでいるし、経済も弱くなりつつあります。地方銀行が先細りになったら、地域経済もどんどん先細りになるでしょう。地方銀行には地域経済を背負っていることに対して、従来以上に強いコミットメントを求めたい。プロ野球に代走のスペシャリストがいるように、銀行も10年後に自らがどうありたいのかという明確なビジョンを持って、もっともっと独自色を強く打ち出していくべきです。

多くの銀行は看板を外したら、どこの銀行か分かりません。みんな同じだからです。開店・閉店時間から内部の景色、サービスの中身、預金金利まで、すべて横並びで同じ。私たちコムジェスト・アセットマネジメントが投資している企業は、オンリーワンの会社ばかりです。たとえば「社員の仕事を分単位で管理する。でも平均年収は2000万円を超える」と言ったら、すぐにキーエンス社だと分かります。他に同じような会社はありません。銀行にもそういう特徴的なオンリーワンが増えればいいと思います。

ハーディング効果とダニングクルーガー効果

「乗り遅れてはいかん」という欲がもたらす群集心理

バッファロー（水牛）は、普段はおとなしく草を食べています。食べながら横目でチラチラと周りを眺め、自分の足元の草が減ってくると、少し離れた草の多い場所を目指してトコトコ歩き始めます。それを見た周囲のバッファローが同じように歩き始めると、先に歩いていたバッファローが気付いて、草を取られるものかと走り始めます。つられて後ろの仲間たちもドドーッと走り始めます。先頭のバッファローは、最初は止まるつもりで走っていたのに、後ろから多くの仲間が走って来るから、もう止まれません。こうしてみんなが疲れるまで走り続けることになります。

大阪のオバチャンは、目の前に列があると吸い寄せられるように並ぶ習性があります。梅田の阪神百貨店に長い列ができていたとき、テレビのレポーターが列のいちばん後ろに並んでいるオバチャンに聞きました。「奥さん、どうして並んでいるのですか」。オバチャンいわく、「だって列があるやんか」。バッファローや大阪のオバチャンに見られる行動は「ハーディング(群集)効果」と呼ばれるもので、群集心理によって皆が同じように動いてしまう現象です。株価の動きはときに行き過ぎることがありますが、その背景にはハーディング効果が働いていることが多いのです。ちなみにオバチャンの話

は、大阪でセミナーを開催するときには外すようにしていますが…。

よくよく見ると、ハーディング効果には欲望が関係しています。株価が少し上がり始めた時点では、多くの投資家が様子見を決め込んでいます。しかし、株価がどんどん上がってくると「乗り遅れてはいかん」ということで、多くの投資家が他人の真似をして買い始めます。このように株価が大きく上がったという、そのことだけを理由に市場追随型の買いを入れる行動を、相場の世界では「提灯《ちょうちん》買い」といいます。株価が大きく下がった場合にも、同じように下落したことだけを理由に売りを急ぐ「提灯売り」が発生します。そうして株価は本来の水準よりも、上下に行き過ぎるわけです。

マスコミが及ぼす影響も無視できません。株価が上がってくると、まず経済誌が書き始めます。『ダイヤモンド』『東洋経済』『エコノミスト』といった週刊経済誌が同時に株の特集を組んだりします。もっと上がってくると、今度は女性誌などの一般誌が書き始めます。部数を狙って無責任に、人々をあおるようなことを書くのです。そこにアナリストの分析などはありません。株価が天井まで上がると、要するにバブルの最終局面ですが、とどめにスポーツ新聞が株式投資の推奨を始めます。投資経験の少ない人は、経済誌が書いたあたりでは興味を示しません。経済とは関係ない一般誌が書くのを見て、ようやく興味を持ち始め、スポーツ新聞を見て株式を買ってしまいます。

その後にドカーンと下がって「こんなはずじゃなかった」とショックを受け、かなり下がった時点で耐えられなくなって売ってしまう。損切りして、「二度と株式投資などやるものか」となるのです。でもこれ、実は投資ではなく投機なんですけれどね。たとえ群集心理だとしても、短期で儲けたいという欲にまみれたら、それは投機です。価格(株価)の動きにお金を投じるようでは、資産形成はできません。

情報が増えるほど理性的な判断を下せるようになる

人間は情報が少ないほど、自信過剰になる傾向があります。たとえば「インデックスファンドは手数料が安く、長期運用に向く」と聞いたら、もうそれだけで自分が投資の本質を分かったような気になってしまい、自己完結してしまうわけです。そして、自分が信じたことに対するネガティブな情報を排除しがちになります。これは「ダニングクルーガー効果」と呼ばれるもので、人間が思い込みによって不適切な判断を下す認知バイアスの一種です。投資については素人であり、本来は門外漢のユーチューバーたちが、平気な顔でもっともらしい説明をするのも、このバイアスにとらわれているからです。

ダニングクルーガー効果で興味深いのは、最初は自信過剰な人でも、いろいろ勉強して多くの知識を身に付けるに従って、だんだん自信がなくなってくること。そして得られた情報量が一定の水準を超えると、いったん失った自信が回復していきます。知識や経験が増えることで、ネガティブな情報も含めて理性的な判断を下せるようになり、本当の自信に近づいていくのでしょうね。

ここでまたひとつ、インデックスに関するネガティブな情報を紹介しておきます。S&P500の値動きに対する構成銘柄の寄与度をみると、アップルやマイクロソフトなど時価総額が上位の10銘柄だけで全体の6～7割を占めています。これはS&P500が全構成銘柄の時価総額を加重平均して割り出されるため、時価総額が大きい銘柄ほど指数に及ぼす影響が大きくなるからです。ここまで極端ではありませんが、同様のことは指数の算出方法が同じTOPIXにもいえるし、全銘柄の株価を単純平均して割り出される日経平均株価では、株価が高い「値がさ株」ほど指数に及ぼす影響が大きくなります。

インデックスファンドは十分に分散投資が効いていると信じている人も多いと思いますが、実は意外と少数の銘柄の株価変動によって、ファンドの値動きが左右されやすいのです。だとしたら、わざわざそれ以外の銘柄も一緒に売買することに、どのような意味があるのでしょう。インデックスファンドは人々の持つ情報量が少ないからこそ、多くの投資家から支持されているのかもしれませんね。皆さんにはこの第2章を精読していただき、長期的な資産形成に役立つ有用な知識をできるだけ多く身に付けてほしいものです。

企業の資本効率を自分でチェックしてほしい

資本効率は企業経営者の腕がいちばん問われる部分

株式市場では近年、企業の「資本効率」が大きな注目を浴びています。資本効率とは、企業が株主から調達した資本を使ってどれだけ効率的に利益を生み出しているかを示すもので、それを測る指標としてROE(自己資本利益率)やROIC(投下資本利益率)などが用いられます。ROE(%)は「当期純利益÷自己資本×100」、ROIC(%)は「税引後営業利益÷投下資本(有利子負債＋自己資本)×100」という式によって算出します。基本的に両者の違いは、計算式の分母に有利子負債(金融機関からの借り入れ)が含まれているか否かです。このため、ROEは株主の目線からみた指標、ROI

Cは企業経営者の目線から見た指標などと区別されることもあります。

企業の資本効率は、調達した資本をどういう資産に振り向けて今後の利益成長を実現していくのか、経営者の腕がいちばん問われる部分です。私たち運用会社のファンドマネージャーが、投資家から集めた資金をどういう企業に振り向けて運用し、リターンにつなげていくかという観点とまったく同じです。

コムジェスト・アセットマネジメントは利益が長期的に2ケタで成長していく企業に厳選投資をおこないますが、それは「資本効率がまっとうである」という前

企業の平均ROEを日米欧で比較

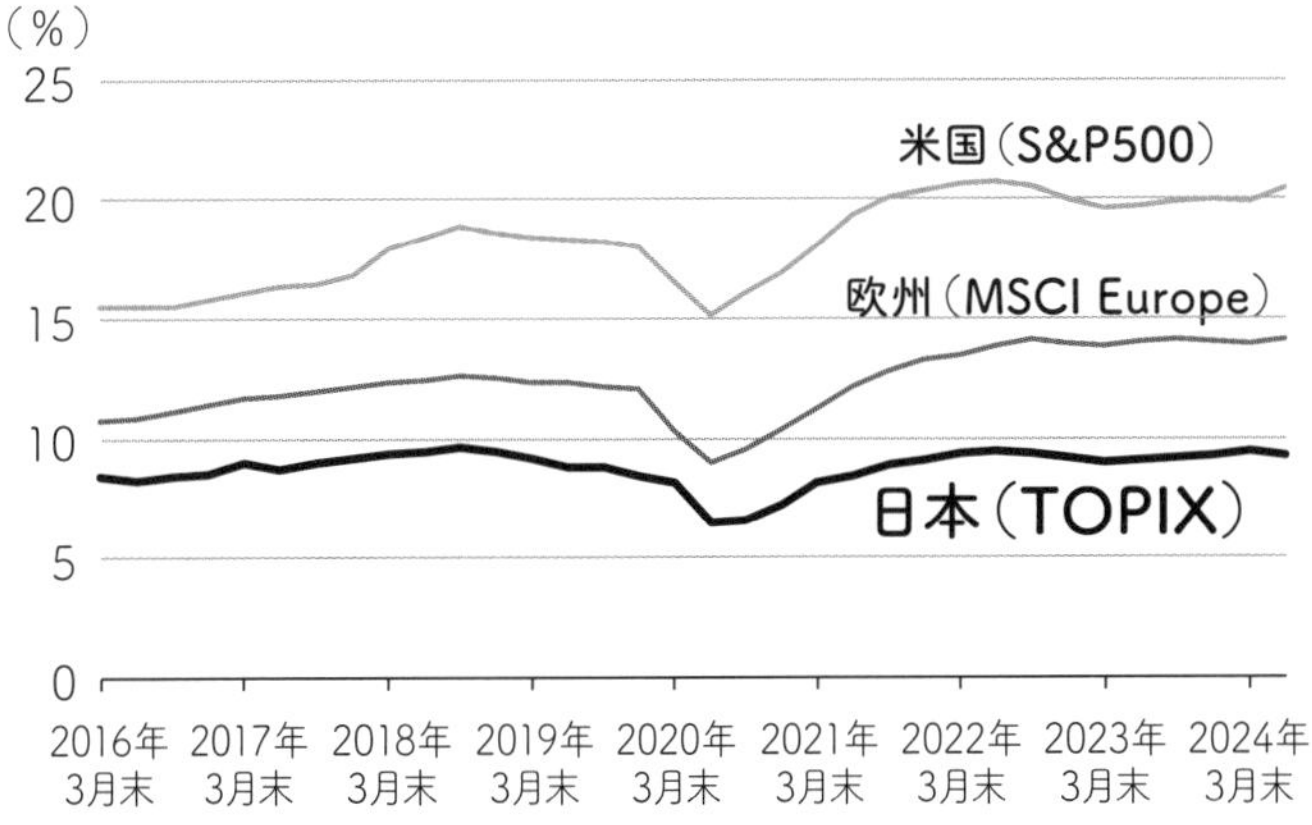

出所：コムジェスト・アセットマネジメント

提に立っています。具体的には、たとえばROEについてグローバル企業は15％程度、日本企業は10％程度を最低限の目安としています。1兆円の自己資本があるのに利益が1億円では、資本効率がゼロに近いのでお話になりません。利益が1000億〜1500億円（ROEが10〜15％）ぐらいのレベルにあることが必須の条件になります。そうした資本効率の高さがあって、なおかつ利益が2ケタで成長していく。これら2つはセットです。

ROEとROICの両方をセットで見ることが不可欠

企業の資本効率を測る際にも、ROEとROICの両方をセットで見ることが不可欠です。ROEは株主還元策のひとつである「自社株買い」をおこなうことによっても高められます。自らが生み出した利益で自社株買いをするならいいのですが、ROEを意図的に高めるために、銀行からお金を借りてきて自社株買いをする企業もたまに見かけます。こうした姑息な手段は、ＲＯＥとＲＯＩＣの両方を見ればバレバレになります。

企業の資本効率は、経営者の能力を判定する分かりやすいモノサシなので、いまは知らなくても、これから企業を見ていくうえでＩＦＡにもぜひ身に付けてほしい知識です。まず企業を見るときに、皆さんは利益がどれぐらい成長しているかに着目すべきですが、それと並行して資本効率も見ることができれば、より高いレベルで企業の成長性を判断することが可能になります。

実際の資産運用を何でもかんでもファンドに「おんぶに抱っこ」するのではなく、自分たちでしっかりファンドの見きわめができるようになることが重要です。たとえばファンド全体として投資先の平均ＲＯＥが何％なのか、半年や1年ごとなど定期的にウオッチして、下がったらその理由は何かを考える。そういう部分にも目が行き届くようになってほしいと思います。

Column

配当は成長企業においては優先順位が低い

自社株買いの話が出たので、もうひとつの代表的な株主還元策である「配当」についてもお話ししておきましょう。最近では株価を意識した資本政策として、配当に力を入れる企業が目立ちます。また、個人投資家のなかにはキャピタルゲイン（株式の売買差益）よりもインカムゲイン（株式を保有することで得られる収入）を重視して、高配当企業に好んで投資する人も多いようです。

調達した資本をどのような資産に振り向けるかと同様に、稼ぎ出した利益（キャッシュ）を何に使っていくかということも、企業経営者に求められる能力のひとつです。いちばんダメなのは、キャッシュでそのまま置いておくこと。いちばん望ましいのは、将来的な成長へ向けて研究開発や設備投資、人材投資などに使うことです。それでもまだ余剰資金があるときに、配当や自社株買いという選択肢が出てきます。企業利益の使い方には、このような優先順位があることもＩＦＡの皆さんにはぜひ知っておいていただきたいと思います。

配当を否定はしませんが、高配当企業にはおしなべて成長性が低い傾向が見られます。いわば成長投資にお金を振り向けないから、高い配当が出せるわけです。コムジェスト・アセットマネジメントのファンドでは、投資先企業の配当は全体的に低くなっています。私たちが投資する「成長企業」とは、稼ぎ出した利益を将来の成長に向けた投資に使う企業であり、だからこそ2ケタという高い成長性を持続できるのです。当然のことながら、成長企業において配当は、選択肢としては優先順位が低くなります。

投資スタイルと新興国の取り扱いについて

グロースとバリューのどちらが良いというわけではない

株式投資のスタイルには大きく分けて、「グロース（成長株）投資」と「バリュー（割安株）投資」の2種類があります。グロース投資とは、利益の成長性が高い企業に、今後のさらなる成長を期待して投資するスタイル。バリュー投資とは、本来的な企業価値から見て株価が低いと判断できる企業に、今後の株価の戻りを期待して投資するスタイルです。

コムジェスト・アセットマネジメントはグロース投資に特化した運用会社ですが、私はバリュー投資もひとつのスタイルとして確立されたものであり、十分に機能する投資手法と考えています。グロースとバリューのどちらが良い、悪いというわけではありません。皆さんが長期で資産形成をおこなうにあたって、グロースの株式ファンドだけでなくバリューの株式ファンドにも投資するという考え方は、私個人としては賛成です。株式相場には、「グロース投資が向く局面」と「バリュー投資が向く局面」を行ったり来たりする性質があります。グロース、バリューという2つの投資スタイルを併せ持つことで、長期的に見れば価格変動率を下げることも可能になります。

グロース投資において、ある銘柄の株価が割高になったら一部を売り、割安になったら買い増す「GARP（ガープ）」という考え方があります。これは「Growth at Reasonable Price」の略で、企業の成長性に着目しながら、株価の評価においては割安度も重視する投資戦略です。コムジェスト・アセットマネジメントでも、企業に投資する段階ではGARPの考え方を取り入れ、PERを指標として使っています。たとえば年10％の成長が期待できる企業があったとしましょう。過去5年間の平均PERが20倍程度で、現状は30倍だった場合、株価が高すぎると判断できるので、すぐには投資をおこないません。反対にPERが現状で15倍だったら、がっちり投資します。これはあくまでも企業への投資を決断する段階でチェックする項目です。私たちは「PE

R ありき」で投資をおこなうわけではありません。

新興国はこれからテストの点数を伸ばしていく生徒に相当

長期資産形成において、新興国はぜひとも選択肢に入れてほしい投資対象です。コムジェスト・アセットマネジメントのグローバル株式ファンドにも、投資先として新興国の企業がいくつか入っています。先進国に比べると新興国への投資では、政情不安や経済的混乱が発生する「カントリーリスク」や、通貨の価値が大幅に下落する「為替リスク」が高いのが一般的です。ただ、それらのリスクを踏まえても、新興国には長期的に高い利益成長を期待できる企業が目立ち、投資機会は多いと考えられます。

先進国の潜在成長率（経済の基礎体力）は、高いといわれる米国でもせいぜい年3％程度です。IMF（国際通貨基金）では2024年の経済成長率を先進国・地域が1・7％、新興国・発展途上国が4・3％と見込んでいます。このうち新興国では、たとえば中国が5・0%、インドが7・0%という予測です。

先進国と新興国の経済成長率を比較する際には、学校のテストを思い浮かべてもらうと分かりやすいかもしれません。優秀でいつも80点や90点を取っている生徒が、点数を1割伸ばして88点や99点を取るのは、そう簡単ではないでしょう。新興国はこれからどんどんテストの点数を伸ばしていく生徒に相当します。普段30点を取っている生徒が、点数を1割伸ばして33点を取るのは容易だと考えられます。むしろもう少しきちんと勉強して、2倍の60点にジャンプアップすることを期待したいところです。それと同じことが、新興国の経済には可能だといえます。

成長に飢えているからこそ、インド人はよく勉強する

米国や日本はいま先進国と呼ばれていますが、いずれもかつては新興国でした。17世紀に英国人が北米大陸に渡ったのは、いわゆる新興国投資の一種と考えることがで

きます。日本は第二次世界大戦後、1960年代になってようやく先進国の仲間入りを果たしますが、それまでは新興国あるいは発展途上国の扱いでした。

新興国には「国民が成長に飢えている」という特徴があります。中国でもインドでも、一部のエリート層は高い年収を実現していますが、多くの国民はいまだに低所得です。とくにインドは今後の高成長が期待できる投資先として世界中の注目を集めているものの、まだまだ国全体としてみればインフラが未整備だし、スラム街もたくさんあります。もっと良い生活をしたいという欲求が強いからこそ、インド人にはすごく勉強する人が多いのです。

このような観点に着目すると、新興国はきわめて有望な投資先と見なすことができます。ただし、新興国に投資する場合は、運用のアクセントとして資産の一部を振り向けるように心掛けてください。多くても資産全体の30%ぐらいが妥当でしょう。2000年代の一時期、ロシア株ファンドが流行ったことがありましたが、全滅になってしまいました。新興国投資では、そういうことが起きるのも決して珍しくありません。

Column

IITデリー校は史上最大の新興国投資の成功事例

インド工科大学（IIT）は、受験倍率がすさまじいことで有名です。いまから20年ほど前、私がPCAアセット・マネジメントで日本初のインド株ファンドをつくった際に、インドの優秀な高校生はIITに落ちたから、仕方なくMIT（マサチューセッツ工科大学）に行くという話を聞いたほどです。IITはインド国内の23校から構成されており、そのうちデリー校は1961年に5校目として開校しました。その設立のきっかけをつくったのは、当時のケネディ米国大統領だったと言われています。「MITをモデルとしてIITデリー校をつくりなさい」と側近に命じたそうです。

その頃のインドには大学を卒業しても、まともな就職先がそれほどありませんでした。だから優秀な学生を集めて4年間、理系の教育をみっちりやって、卒業したら米国が受け入れたのです。シリコンバレーのＩＴ企業やＮＡＳＡ（米国航空宇宙局）、ペンタゴン（米国防総省）の技術者として、さらには医者として多数の優秀な頭脳を米国が吸収しました。たとえばマイクロソフトのＣＥＯ兼会長であるサティア・ナデラ氏や、グーグルおよび同社の親会社アルファベットのＣＥＯであるスンダー・ピチャイ氏は、いずれもインド出身です。

恐らくＩＩＴデリー校を設立するのに、たいしたお金はかからなかったことでしょう。一方で、ＩＩＴデリー校から米国が受けたリターンの規模は計り知れません。これは史上最大の、新興国投資の成功事例だと私は思います。このように30年先を見据えた長期的な戦略や展望にもとづいて国づくりが行われているから、米国はいまだに世界ナンバーワンの経済大国という地位を維持しているのです。

米国ではトランプ政権時から移民の入国ビザ取得に対する規制が厳しくなり、それに伴って、一部のインド人が母国へ戻り始めています。米国のＩＴ企業などでノウハウを吸収した人が、インドで経済発展の主軸を担うようになりました。近年の世界的なインドブームは、まさしくそういう人たちが牽引しているわけです。

インドでは法律でカーストによる差別は禁止されていますが、実態としてカースト制度は残っています。ところが一生懸命に勉強してIITや米国の大学に入り、米国企業で成功をおさめてインドに戻って来れば、豪邸を建てて多くの使用人を雇うような生活が可能です。もともと低いカーストに属していても、場合によっては上のカーストより良い生活ができるのです。成功者の生活ぶりを見た多くのインド人の間で、豊かになることへの欲求が強まっており、それがまたインド経済の成長エネルギーを高めていくと考えられます。

なぜ「日本はダメだ」と勝手に決めつけるのか

日本企業のなかにも大谷選手のような会社はたくさんある

私は昨年(2023年)からIFAや個人投資家に、「コムジェスト以外のファンドでもいいので、ぜひアクティブの優れた日本株ファンドに投資してください」とお勧めしています。というのも、IFAがお客さんに販売しているのは、アクティブの世界株ファンドが中心だからです。FPなどからは「日本はもうダメですよね、成長しないですよね」という言葉をこれまで何度も聞きました。実際に多くのFPや個人投資家が、長期資産形成に適しているのはMSCI ACWIに連動するインデックスファンドや、たとえアクティブファンドでも世界株に投資するタイプだと思っているようです。

それは大きな勘違いです。エンドユーザーである個人がそう思ってしまうのも悲しいことですが、個人の資産形成をサポートすべきFPがそういう発言をするのは、あまりに不勉強で腹立たしささえ覚えます。日本企業のなかにも世界に伍して戦い、世界市場でシェアを広げている素晴らしい会社はたくさんあります。どうして、そういう会社を見ようとしないのでしょうか。日本人はみんな、メジャーリーグで活躍している大谷選手のことを「すごい」と称賛しますよね。大谷選手のような日本企業はたくさんあるのに、なぜかそれについては議論されません。

もちろん日本企業にもダメな会社はありますよ。

たとえば2023年には東京証券取引所が、日本の上場企業の多くでPBR(株価純資産倍率)が1倍を割れていることに言及しました。これは日本企業における「資本効率の悪さ」を示すものとして市場でも話題になりましたが、結果としてPBRの低さがすべてのように扱われるのは問題です。日本企業にそういう面があることを、企業側だけでなく国全体として真摯に受け止め、PBRの改善が軌道に乗り始めたら、その次は何をおこなうべきなのか、長期的な観点からみんなで議論していくべきです。

日本だけでなく米国にも英国にもフランスにも、良い企業もあればダメな企業もあります。そういうことを、しっかりと勉強してほしい。勝手なイメージで「日本はダメだ」などと決めつけてほしくありません。大切なのは、FPやIFAが自分たちで日本企業をしっかりと評価し、個人投資家の視線を日本企業にも向けていくことです。個人投資家も含めて日本企業を評価する動きが広がれば、投資される側の企業も目覚めて、利益成長へのモチベーションも高まっていくはずです。そうした好循環を、アクティブの日本株ファンドでつくってほしいのです。

日本が世界に誇る自然や文化を、すべての日本人が素晴らしいと感じるように、世界で戦う日本企業についても素晴らしさを実感してほしいと思います。「隗《かい》より始めよ」ではありませんが、皆さんにはまず身近な日本企業について、もっと積極的に見る目を養ってほしいというのが私の願いです。

AIによって「人口ボーナス」が効かなくなる可能性も

日本経済が成長を望めない理由として、人口減少の問題を挙げる人も多いと思われます。当然のことながら、日本には対策として子どもの数を少しでも増やす取り組みが求められますが、だからといって「もう日本はダメなんだ」と悲観的に考えることは間違っています。実は、これからは「人口＝国力」ではなくなってくる可能性が高いのです。量子コンピューターなどが発展して、さらにAIの性能が上がっていけば、AIによって多くの仕事が代替されることになるからです。

たとえばコムジェスト・アセットマネジメントの投資先に、ダイフクという企業があります。同社が提供する自動倉庫システムでは、倉庫内に人はいません。ドライバーが倉庫にトラックを止めると、自動的にパレット(荷役台)が運ばれてきて荷入れがおこなわれ、荷出しの際にもトラックが来たら自動的に荷物が積まれるようになっています。現在は人がコンピューター制御で倉庫の運営を管理していますが、その部分も将来的にはAIに置き換わるかもしれません。ドライバーも自動運転になったら、工場でモノをつくってから店舗に品物が並ぶまで、いっさい人が介在しなくなります。

新興国のコラム(143ページ)で、インド人の豊かさへの欲求が経済活力につながるというお話をしました。一方で私は、インドの人口アドバンテージについては懐疑的に考えています。インドは人口の多さと人口増加率の高さが、経済成長の源泉として注目されているわけですが、今後はAIによっていわゆる「人口ボーナス」が効かなくなる可能性があります。製造業などで人の介在が不要になった場合、増えた人口を吸収できなくなり、かえって経済的なリスクを負う恐れが出てきます。つまりは人口が大きなコストになってしまうのです。

国の経済発展や経済成長に、単純な人口の多寡は恐らく関係ありません。たとえばアフリカのナイジェリアは人口が2億人を超えていますが、ずっと最貧国から脱しきれないままです。大事なのは、いわゆる中間層の人口とその教育です。

教育という意味では、学校で子どもに競争をさせなくなった日本の風潮にはいささか疑問を感じます。運動会で一時期、みんなで手をつないでゴールするといった事例が話題になりましたが、それだと一生懸命に駆けっこの練習をした子の努力が報われません。私が子どもの頃には、勉強はできないけれど、運動会で目立つのが生きがいという同級生がたくさんいました。人間には誰にも得手、不得手があります。競争を悪いものと決めつけて封じると、人から成長の機会を奪ってしまうことになります。健全な競争はどんどん推進すべきでしょう。

私がESGに注力した理由と、いったん身を引いた理由

ESGは企業が持続的な成長を図るうえで必須の要件

私は2015年にコムジェスト・アセットマネジメントの社長に就任し、それから数年間、ESGの推進にたいへん力を注ぎました。なぜならば、ESGは投資の根幹に当たるものだからです。かつて企業価値といえば、大半が工場などの有形資産を指しましたが、今日では8割方がビジネスモデルや参入障壁などの無形資産です。そして、無形資産の重要な根幹をなすのがESGという考え方です。

ESGの原点は2006年に国連が打ち出したPRI（責任投資原則）という概念です。これは私たちのような機関投資家向けに、投資にあたって企業の持続的な成長性

をしっかり見きわめるよう促すものです。企業が持続的に成長することで、株主だけでなく、すべてのステークホルダーを幸せにすることができます。極端な話、2〜3％の低成長でも企業が持続的に成長しさえすれば、従業員に給料やボーナスを払うことができるし、債権者への返済や地域社会への貢献も可能になります。

1990年代から2000年代の初めにかけて多くの企業が短期主義に走った結果、米国エンロンのように粉飾決算の末に破綻したり、経営者がやたらとコストを削減して従業員に犠牲を強いるようなケースが増えました。PRIはその反省から生まれたものであり、それを引き継いだのがESGだといえます。環境に配慮しなければ地域社会から相手にされないし、従業員を大切にしなければ良い人材は確保できません。企業統治がずさんでは、投資家からも敬遠されます。すなわち企業が持続的な成長を図っていく、そのために必須の要件がESGなのです。

売らんがためのESGに加担したくなかった

ESGにおいて本来的に重要なのは責任投資という概念です。第2章の冒頭で「IFAと個人投資家、運用会社、投資先企業はパートナーである」というお話をしましたが、責任投資にもとづかないと、みんなが長期的に成長することはできません。企業の持続的な成長が、結局は社会の幸せや豊かさにつながっていきます。だからこそ全員が同じ方向を向くことができる、それが正しい投資のあり方です。

数年前から世界的に「名ばかりESG」の問題が目立つようになりました。実態を伴わないのにESGを装う企業や機関投資家が増え、日本の運用会社の間でも既存のファンドに「ESGファンド」という名前を付けて新たに提供するケースが出てきました。これは責任投資どころか、正反対の無責任投資に成り下がった結果であり、いわば売らんがためのESGです。

その段階で私はESGからいったん身を引き、ESG関連のセミナーなどはいっさい引き受けるのをやめました。20年ほど前に名ばかりの「エコファンド」や「SRI（社会的責任投資)ファンド」が相次いで登場してブームになり、すぐに消えたことがありましたが、ESGが同じような扱いを受けるのに加担したくなかったからです。

最近ではESG投資のパフォーマンスが世界的に振るわず、日本でも金融庁や大手運用会社はESG投資に対して完全に腰が引けています。私は天《あま》の邪鬼《じゃく》なので、逆風が吹き始めたいまこそ、ESGの推進活動を再開しようかと目論んでいます。

国内のESG投信の設定本数推移

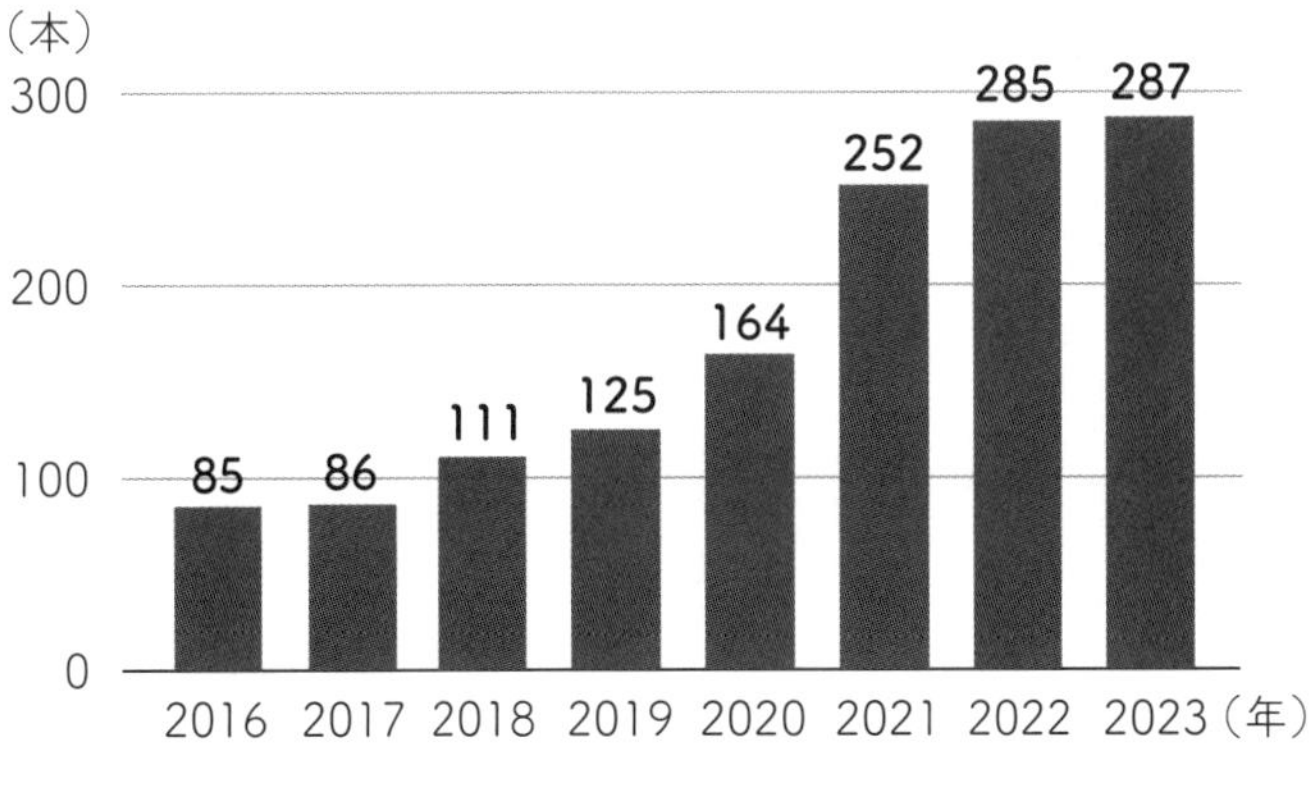

出所：金融庁

投資に活かせる先人の言葉と考え方

過去の成功体験に引きずられると投資は失敗しやすい

偉大な先人は数々の格言や教訓めいた言葉を遺していますが、そのなかには皆さんがこれから実際に投資をおこなっていくうえで活かせるものがいくつかあります。

「愚者は経験に学び、賢者は歴史に学ぶ」――。これは19世紀にドイツを統一に導いた政治家で、鉄血宰相と呼ばれたオットー・フォン・ビスマルクの言葉です。個人投資家にありがちなのは、過去に同じような経済環境で成功したから今度も大丈夫だろうと、自分の経験に頼って投資して失敗することです。金利や為替などの状況が現在と似ているときに、ある株式銘柄に投資してたまたま成功した、それがまた繰り返されると思ってしまう。いわば自分の過去の成功体験に引きずられるから、次は失敗しやすいわけです。

ウォーレン・バフェット氏にしてもピーター・リンチ氏にしても、賢者といわれる投資家は過去の歴史にもとづいて投資をおこないます。金利や為替などは「マクロ経済」と呼ばれますが、数十年前まで時代をさかのぼってマクロ経済の動向を勉強し、さまざまな経済環境のなかで個々の企業の業績がどういう風に成長したか、あるいは停滞したか、その歴史に照らし合わせながら現在の企業を見ていくのです。

歴史的なビューポイント(視点)を持っていると、いつでも物事を長期的に俯瞰して捉えることができます。これは投資家に限らず、企業経営者にもいえることでしょう。優れた経営者の多くは歴史を勉強しています。ソフトバンクグループの会長兼社長執行役員である孫正義氏は、坂本龍馬が好きなことで有名であり、50年、100年先を見据えてビジョンの実現にまい進する姿勢を大いに参考にしているようです。同グループのロゴマークは坂本龍馬が率いた海援隊の隊旗から着想を得たものです。

人間の「心」のあり様に焦点を当てたジョン・テンプルトン

「歴史は繰り返さない、ただし同じ韻を踏む」――。これは米国の文学者マーク・トウェインの言葉です。まさしく株式市場は、この言葉どおりの振る舞いを見せてくれます。過去とまったく同じバブルは起こらないし、まったく同じ大暴落も起こらないけれど、何らかの理由で投機的な取引が増えるなど、同じようなパターンでバブルが醸成されて崩壊していく。つまり、同じ韻を踏むのです。

「強気相場は悲観のなかで生まれ、懐疑のなかで育ち、楽観とともに成熟し、陶酔のなかで消えていく」――。これは米国生まれの英国人投資家ジョン・テンプルトンの言葉ですが、2つの点で投資の本質を突いているといえます。ひとつは、株式相場には一定のサイクルがあるということ。株式投資で失敗した際に、その理由を明確に分析して次の相場サイクルに活かせる人は、成功する確率が高まります。

もうひとつは、悲観・懐疑・楽観・陶酔という形で人間の「心」のあり様に焦点を当てていることです。ガイダンスで紹介したように、鍛えるのがいちばん難しく、なおかつ投資でいちばん重要になってくるのが「心」です。悲観したまま投資を避けていては、資産はいっこうに増えません。懐疑や楽観のなかで掛け金を増やしていき、最終的に失敗したのがニュートンの例でしょう。ＩＦＡやこれから資産形成をおこなう個人投資家には、ぜひともジョン・テンプルトンの言葉を肝に銘じてほしいと思います。

Column

30年先の日本について成長ビジョンを描いた横井小楠

好きな歴史上の人物をひとり選べと言われたら、私は江戸時代の肥後藩（現在の熊本県）の政治思想家、横井小楠《しょうなん》を挙げます。幕末の時点で30年先を見通し、明治以降の日本について明確なビジョンを描いていた人です。幕臣の勝海舟は、「俺はいままでに天下で恐ろしい者を二人見た。横井小楠と西郷隆盛だ」と語ったそうです。

酒癖の悪さから肥後藩時代には謹慎処分を受けたりしましたが、その後、能力を買われて福井藩主の松平春嶽《しゅんがく》に招聘《しょうへい》され、福井藩の政治顧問を務めました。藩校で講義をしながら、開国通商と殖産興業による「富国強兵策」を提唱し、江戸幕府に建白書（意見書）として「国是七条《こくぜしちじょう》」を提出しています。明治新政府の政治方針である「五箇条の御誓文」は、福井藩出身の由利公正《きみまさ》が原型をつくりましたが、もともとの考え方は横井小楠から学んだと言われています。

幕末の当時、欧州は世界中を植民地化していました。そのやり口は、植民地化したい対象を内部対立させるというものです。内部で抗争を勃発させ、疲弊して弱ったところに入っていって軍事的に占領するというのが定石でした。アフリカ然り、中国やインドも然りです。日本でも江戸幕府をフランスがサポートし、薩長を英国がサポートして、両者を衝突させる腹づもりでした。

こうした欧州の侵略政策について、薩摩藩の西郷隆盛や幕臣の勝海舟はきちんと学んでいたから、日本を植民地化させないために「江戸無血開城」を実現させました。そのベースとなったのが、横井小楠の長期的な国づくりというビジョンです。横井小楠は日本という国をいかに成長させるかという観点で政治や交易を考えたからこそ、幕藩体制や鎖国を批判したわけです。長期で成長を目指すという点で、投資と相通ずるところがあります。

私がお薦めする投資に役立つ本

『失敗の本質』…中公文庫

共著／戸部良一、鎌田伸一、村井友秀、寺本義也、杉之尾孝生、野中郁次郎

「失敗学」を最初に真正面から取り上げた本です。1939年のノモンハン事件から45年の沖縄戦まで、太平洋戦争(以前も含む)において日本軍が敗北を喫した6つの作戦失敗例を取り上げ、その要因として日本軍の組織的な特性や欠陥をあぶり出した内容です。たとえば序章には、こんな記述があります。

「危機、すなわち不確実性が高く不安定かつ流動的な状況で日本軍は、有効に機能しえずさまざまな組織的欠陥を露呈した」(一部中略)

歴史をたどると、過去に世界中でさまざまな戦《いくさ》があったなかで、勝ちは幸運に恵ま

れたケースも目立ちますが、負けは負けるべくして負けていることが分かります。プロ野球の選手、監督として長年活躍した故・野村克也氏は「勝ちに不思議の勝ちあり、負けに不思議の負けなし」という名言を遺していますが、組織や人が負ける背景には必ず明確な理由があるのです。

日本について言えば、1904年〜1905年の日露戦争が太平洋戦争の「負けの始まり」だったと私は思っています。本来は勝てるはずのないロシアに勝ってしまったうえに、勝てたことに関する冷静な分析もできなかったため、それが軍部の独走につながっていきました。日露戦争はいわば「神風が吹いた」ようなものだったのに、また同じ神風が吹くと信じて無謀な太平洋戦争に突入してしまった。これは典型的な敗者のパターンです。

投資もまったく同じです。実力もないのに勝ちたいと思うのは人間の欲望ですが、その欲望を抑えられない人は「確証バイアス」がかかって、自分は勝てると信じ込んでしまいます。本当はありとあらゆる情報を収集し、その分析にもとづいて勝ち負けの可能性を判断しなければならないのに、自分が負けるという情報がどんどん排除され、勝てるという情報しか入ってこなくなります。これは個人投資家のみならず、運用会社のファンドマネージャーにも当てはまる重要な注意点です。「この企業は優れている」と勝手に思い込むことが、いちばん危険なのです。

戦後の日本がなぜ世界2位の経済大国にまで大躍進できたかといえば、日本軍が太平洋戦争で負けたという事実について、組織面から作戦面（戦略面）まで十分な反省ができていたからです。企業経営者の多くは、戦中は日本軍に所属して組織のダメな部分を見ていたので、同じ失敗をしないように会社を運営していきました。

ところが戦後に高度成長を遂げたことで、多くの日本企業がそうした失敗から学ぶことの大切さを再び見失ってしまったように思えます。2023年の名目GDP（国内総生産）はドルベースで世界4位となり、今後もさらに順位が下がっていくことが予想されます。日本企業は「失敗の本質」を改めて学び直す必要があるでしょう。

たとえば米国には失敗を最大限に許容する社会的な伝統があり、それが企業の長期的な成長力の源泉となっています。日本でも成長している会社の経営者は、ソフトバンクグループの孫氏にしてもファーストリテイリングの柳井氏にしても考え方が米国的で、胆力と明確な長期ビジョンを持ち合わせています。日本企業でしばしば見かける、会社のなかで上手に泳ぎ回って社長の座にたどり着きました、というような経営者では成長できません。

『ピーター・リンチの株で勝つ』…ダイヤモンド社

共著／ピーター・リンチ、ジョン・ロスチャイルド

米国フィデリティでマゼランファンドの運用を手がけた伝説のファンドマネージャーが、有望株の探し方や長期的視野の持ち方について詳細に解説した本です。私がとくに注目するのは、投資のプロと呼ばれる人たちがいかに非効率な運用をおこなっているかを喝破している点です。表紙にはタイトルの横に「アマの知恵でプロを出し抜け」というコピーが添えられています。第2章には「あなたは機関投資家のやり方を真

似しなくてもよい。もし真似をすると、大きな成果をあげられない破目に陥る」とまで書かれています。

たとえば年金基金は機関投資家のひとつですが、リスクを積極的に取れないため、アナリストが広くカバーしているような企業にしか投資をおこないません。結果として、多くの年金基金はたいしたパフォーマンスを上げられないのです。むしろIFAの皆さんが投資の実践的な勉強を積み重ね、お客さんに良いアドバイスを提供すれば、将来的に年金基金より高いパフォーマンスも期待できるでしょう。10年後、20年後にそのことを実証できたら極端な話、世の中から年金基金がいらなくなる日も来るかもしれません。

この本には、もうひとつ注目点があります。資産運用業界で語られている通説は役に立たないという意味のことが書いてあるのです。第18章には「株価について代表的な馬鹿げた話を紹介し、皆さんがこれらの話に惑わされないための参考に供したい」と記されています。まったくもって同感ですが、さらに付け加えるならば、私は一般的な投資理論もほとんど意味をなさないと考えています。

投資理論には実効性の高い「実用的な理論」と、そうではない大多数の理論がありま す。学者が自らの存在意義を証明するための理論や、テストで点数を付けるための理論など、実践には役に立たない形だけの投資理論が世の中にはあふれているのです。私もかつてアナリスト試験に合格するため、テキストに書いてあるとおりの答えを書きましたが、いまだに腹落ちしていません。

一般的な投資理論は全体として過去の説明を後付けでもっともらしく語っているだけで、無駄なものが多いと感じています。それをＩＦＡが勉強したところで、お客さんへのアドバイスに有効活用できるのだろうかと、私はいま真剣に考えているところです。パーツとしては知っておいてほしい重要な投資理論もあるので、ＩＦＡにとって必要な理論をどのように体系化していくか、今後の勉強会や研修に反映できればと思っています。

私が武道を通じて実感したこと

「継続は力なり」が歳をとってから腹落ちしてきた

極真空手には大山倍達総裁の「30年で一人前」という意味の言葉がありますが、武道は続ければ続けるほど、自分のいたらなさが見えてくるものです。むしろ一人前でないときの方が、自分の力を過信しがちです。黒帯(初段)になって2段、3段と段位が上がるほど、いかに自分ができていないかが見えてきます。

大山総裁がお亡くなりになる前の、こんな逸話が残っています。部下が病院へお見舞いに行ったとき、総裁がベッドで拳を握っていました。「どうされたのですか」と部下が聞いたところ、「この歳になってもまだ正しい拳の握り方が分からない、だから研究しているんだよ」と答えられたそうです。これは考え続けること、試し続けることの大切さ、すなわち「継続は力なり」を後世に伝える好例といえるでしょう。

私も武道を通じて「心技体」や「継続は力なり」という言葉の重要性を学びましたが、それらが本当に腹落ちしてきたのは歳をとってからです。背も高くないし、とくに優れた筋力があるわけでもない、特別な技ができるわけでもない私が、極真空手の全国大会シニアの部で3回、準優勝することができました。それは中学生のときに空手を始めて以来、ひたすら試合に向けてコツコツと稽古を続けてきたからだと思います。

2014年度極真館国際大会　シニアの部（表彰台の左端が著者）

県大会や地方大会にはそれまでも出ていましたが、全国大会に出たのは40歳を過ぎてからでした。初めて出た全国大会で1回戦だけ勝つことができ、もっと頑張れば2回戦も勝てるようになるかなと、その後はいっそう稽古に熱が入るようになりました。すると45歳のときに3位入賞し、次の年には準優勝できたのです。もう楽しくて仕方ありませんでした。

投資にも同じことが言えます。個人投資家に特別な才能は必要ありません。良いファンドにずっと積み立て投資を続けていけば、気が付いたときには資産がすごく増えています。大事なのは途中でやめないこと。正しい投資をコツコツと継続しているうちに、目標は自ずと達成できてしまうものなのです。

志を同じくする仲間との対談②

「生涯の保障と資産形成を一体化して提案し、お客様を老後資金づくりというゴールまでお連れする」

上地明徳さん（r-Laboratory）× 高橋庸介

上地明徳さんが運営するr-Laboratoryは、厳選した世界株式ファンドによる長期資産形成を通じて個人の老後資金づくりを担うべく、「r」の理念を共有したＩＦＡが多数集う金融商品仲介業者です。紆余曲折を経てr-Laboratoryの設立にいたった経緯や、ＩＦＡに寄せる思いについて、率直に語っていただきました。

上地明徳（かみじ・あきのり） r-Laboratory 株式会社　代表取締役。一般社団法人 経済教育支援機構 代表理事。学習院大学経済学部、早稲田大学大学院経済学研究科修士課程修了。モルガン・スタンレー証券、信州大学経営大学院特任教授などを経て現職。1998年に日本インベスターズ証券を創業して以来、約25年間にわたりブレることなく長期資産形成を説き続けてきた。

「r(資本所得)」を日本の家計に届けるという理念

高橋　上地さんは日本初のIFA支援型証券会社である日本インベスターズ証券の創業メンバーでいらっしゃいました。開業が1998年なので、ちょうど私がスカンディア生命保険でIFA研修をおこなっていた時期と重なります。

上地　日本インベスターズ証券の創業者は、英国ジャーディン・フレミング投信の社長だった宮坂さんです。英国や米国のIFA(独立系アドバイザー)をモデルとして、日本にも新しいリテール金融の仲介機能をつくり、今日でいうところの長期資産形成を個人に根付かせるという目標を掲げていました。宮坂さんからは「日本全国に金融教育の寺子屋をつくりたい。でも師匠がいないので、それを君が担ってほしい」と誘われました。私はそれまで日系や外資系の証券会社にいたのですが、正直なところ、長期資産形成ビジネスについてはノウハウがほとんどありませんでした。開業の半年ほど前に勉強として米国へ行き、現地の金融機関が使っているパンフレットや提案ツール、国際分散投資に関する書籍などをたくさん仕入れてきて、半年かけて日本向けのローカライズに取り組みました。

高橋　境遇がほとんど一緒ですね。私がスカンディア生命で大蔵省に変額保険の認可申請に行ったとき、「保険代理店が販売チャネルなので、まずは投資教育から始めます」と説明したら、その教育ツールを持ってきて見せろと言われました。でも、当時は投資教育に使えそうなツールなど何もない。そこで米国に行かせてもらって、さまざまなコンテンツを日本に持ち帰ったのですが、残念ながら私も長期分散投資の知識がありませんでした。何とかして勉強しなければと探し出したのが、シグマインベストメントスクールという金融専門の学校で、たまたまそこの講師を務めていらした上地さんと出会ったわけです。

上地　日本インベスターズ証券は、2008年世界金融危機の到来で経営が厳しい状況を迎え、大手ネット証券に企業譲渡という選択に迫られました。その後は外資系運用会社で銀行向けに投信販売のお手伝いなどをしていましたが、頭の片隅にはずっとIFAビジネス挫折の「しこり」が消えることなく、悶々とした日々を送っていました。そんなとき、２０１９年に生命保険会社からの依頼で、保険の募集人を対象に「長期・分散・積立投資の意義」と題する勉強会を行い、そのことがきっかけで私の人生は大きく動くことになりました。保険の人たちと関わるのは初めての経験でしたが、これが非常に受けまして……。「もっと勉強したい」という声が多く上がってきたため、「上地ゼミ」という保険募集人向けのオンラインスクールを立ち上げることになりました。そのゼミこそが、r-Laboratoryの資産形成道場としての役割を担うことになったのです。

そこで私がいつも強調していたのは、世界の上場企業が利益をあげた結果として投資家にもたらされるリターン「ｒ」（資本所得）は、マーケットを通じて、

あるいは運用会社によってリアルに生成されている。にもかかわらず、この国では「r」が家計には十分に届いていない。本来家計に資本所得を届けるのは金融仲介を担う銀行や証券会社の役割のはずではないだろうか。彼らが本気で取り組まないなら我々がやろうではないかと。そのような理念が共有化された結果、r-Laboratoryが誕生しました。日本インベスターズ証券は残念な結果に終わってしまいましたが、1998年の当時から長期資産形成の重要性を個人にどうやったら伝えられるのか、面白く感じてもらえるのか、そんなトライ&エラーを繰り返しながら様々なコンテンツをつくってきました。それがいま、ようやく活かせる時期が来たのだと感じています。人生ってどう転んで、それがその後にどう活きてくるのかなんて、本当に分からないものですね。

お客様が大手証券の預かり資産をIFAに移管してくれる

高橋　r-Laboratoryは、開業から僅か2年足らずで200名を超えるIFAが集まっています。ものすごい勢いですよね。しかもそのほとんどは保険系のアドバイザーです。

上地　そうですね。ひとつは、2024年から始まった新NISAの影響が大きいと思います。保険のお客様からの資産形成に関する問い合わせや相談が日増しに増えています。変額保険など生命保険でも資産形成に資する商品はありますが、それだけでは十分な対応ができないと考えているからでしょう。もうひとつは、長期資産形成は積立投資という運用手法をとることが多いので、販売側の収益面でいうと非常に厳しいのが現実です。主たる収益が他にないと長期資産形成だけでは食べていくことが難しい。この点こそ、本業の証券マンが資産形成に本気で取り組めない理由であり、保険系アドバイザーは資産形成ビジネスに向いています。

高橋　r-Laboratoryに集うＩＦＡには、どのような特徴が見られますか。

上地　人の生涯のなかで、保険は「保障」をつくっていくものであり、投資信託は「資産」をつくっていくものです。保障と資産形成を一体化して提案し、お客様を老後資金づくりという人生のゴールまでお連れすること、まさしくそれが資産形成系ＩＦＡのミッションです。自身のビジネスを20年や30年といった時間軸で捉えることができ、なおかつ真にお客様の目線に立って保障と資産形成を一体化して提案できるＩＦＡが、腹落ちしてr-Laboratoryに集まってきてくれたのだと考えています。

高橋　r-Laboratoryでは、日本にある約６０００本の投資信託のなかから6本を選んで推奨ファンドとされています。私たちコムジェスト・アセットマネジメントのグローバル株式ファンドも選んでいただいていますが、どのような点がファンド選びの条件になるのですか。

上地　r-Laboratoryの理念は、さきほどお話ししたとおり、「ｒ」を日本の家計に

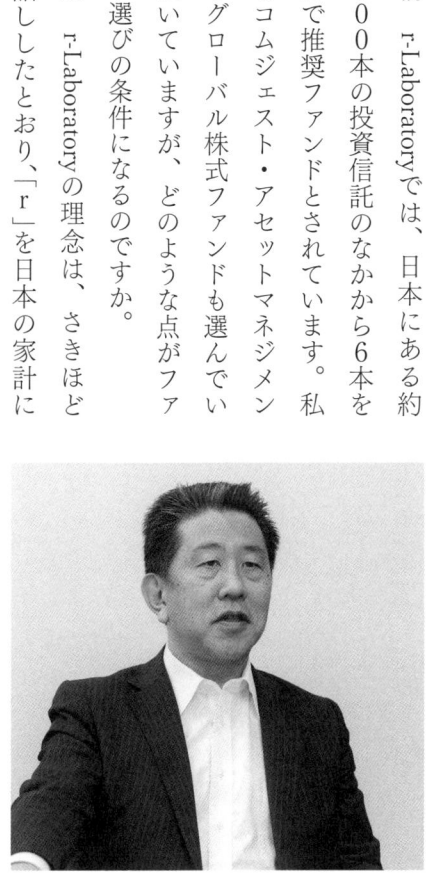

届けることです。「r」の源泉は何かというと企業の利益追求活動であり、長期的に株価は企業の利益ないしは利益の期待値によって決まると私は考えています。したがってr-Laboratoryが選ぶファンドは、利益成長重視の投資哲学にもとづいて運用されている商品のみに限定されます。我々が提供するIFA向けの教育ツールも、推奨ファンドも、会社の理念と一気通貫でつながっており、そこには寸分の矛盾もごまかしもありません。こうしたロジックがお客様に伝わると、興味深いことが起こります。r-Laboratoryでファンドを販売しているIFAは、投資の勉強を始めてまだ1～2年の人たちですが、そのIFAたちにお客様が大手証券の預かり資産を移管してくれる現象も散見されるようになりました。

高橋　恐らくお客さんからも、従来の金融機関的な営業アプローチである市場予測や予測に応じたタイムリーな商品の推奨とはまるで異なる、首尾一貫したブレないアドバイス方針に対して評価をいただけたのかもしれませんね。6000本から6本に絞るということは、日本のファンドはお眼鏡に適うものはまだまだ少ないということなのでしょうか。

上地　はい、もちろん例外はあるのですが、r-Laboratoryの選ぶ推奨ファンドの運用会社は、日系ではなく外資系、系列ではなく独立系。さらには上場企業よりも非公開を好みます。まさに御社はすべてに当てはまりますね。日本の運用会社にはサラリーマン・ファンドマネージャーが多く、アクティブの株式ファンドでもアクティブとは呼べないようなクローゼット・トラッカーも目立ちます。また、親会社に銀行や証券会社を持つ一部の運用会社では、テーマ型や毎月分配型など売れ筋ファンドの設定を要求される場面も散見されます。運用会社は本来運用力で勝負すべきところを、系列の販売会社(親会社)の営業力に大きく依存しているところが日本の系列運用会社の大きな問題点だと思います。

ファンドマネージャーが船長で、ＩＦＡはクルーに当たる

高橋　お客さんとＩＦＡ、運用会社が同じ考え方を持ち、同じゴールへ向かってともに歩んでいくのが理想ですね。

上地　r-Laboratoryのような販売会社に求められる役割は、お客様と運用会社を仲介してつなげることにあります。この点をよくクルーズ船に例えて説明するのですが、ファンドマネージャーが船長で、ＩＦＡはクルーに当たります。船長がどういうルートで、どんな航法で、どこに行こうとしているのか、分かりやすい言葉でお客様に教えてあげることがクルーの役割だと思うのです。マーケットではたまに嵐が吹いて、船が巻き込まれることもありますが、船長の考えが正しく伝わっていれば、お客様が不安になることもありません。クルーがお客様のメンタル面もサポートして、ゴールである港まで安心・安全にお連れすることが金融仲介の本来的な機能であり、お客様から手数料をいただく根拠、すなわち販売会社の付加価値だと考えます。

こんな印象深い逸話があります。米国エドワード・ジョーンズ証券の創業者が、経営学者のピーター・ドラッカーに経営方針の相談に行ったとき、ドラッカーは「短期で儲けたい顧客を相手にするな」と言ったそうです。重視すべき顧客は、短期で儲けたい人ではなく、安心を求めている人たちだと。私もＩＦＡ

に「我々のお客様は手っ取り早く儲けたい人ではない。そういう人たちには既存の証券会社に行ってもらいなさい」と話しています。お客様からの一番の誉め言葉は、ＩＦＡに「あなたのおかげで老後のお金の不安がなくなった。本当に感謝している」と言っていただけることです。

高橋　２０００年頃、私はフィデリティ投信で銀行窓販のサポートを徹底してやりました。それは銀行が、日本の個人に寄り添いながら預金をしっかりと投資に振り向け、長期資産形成を促していけるだろうと信じたからです。でも、結果として裏切られてしまいました。20年以上が経過しても、日本の個人金融資産の50％超が現預金という状況はまったく変わっていません。そういう状況下で、いま確実に信頼できるのはr-Laboratoryに所属しているようなＩＦＡの皆さんです。なぜならば、積み立て投資によって、お客さんの長期資産形成を着実に進めていこうという姿勢が明確だからです。

上地　コムジェスト・アセットマネジメントが信頼できるのは、長期的に株価は企業の利益成長に連動するなど、我々と同じ投資哲学を共有できる点も当然重要なのですが、もうひとつ、いま高橋さんがお話しされたような「ファンドをお客様、ＩＦＡとともに育てていく」的な考え方をお持ちの会社だからです。多くの運用会社は資産残高をいかに短期間で増やすかが主要な関心事ですが、コムジェストは私たちのような積立重視のコツコツ系の販売会社に対しても、セミナーの共催など惜しみないご協力をいただけます。その点も我々がコムジェストと安心してお付き合いさせていただける大きな理由になっています。

第3章

投資の「体」

コムジェストの投資哲学と投資アプローチ

ファンド運用に関する3つの信念と3つのディシプリン

クオリティ・グロース企業への投資は相対的にリスクが低い

第3章では投資の「体」に当たる部分として、実際の株式ファンド運用がどのような形でおこなわれているのか、私たちコムジェストの場合を例にとりながら説明していきます。IFAや個人投資家の皆さんには、私たちの投資哲学や投資アプローチを十分に理解したうえで、運用の実務をお任せいただければと思います。

また、皆さんがコムジェスト以外の株式ファンドを利用する場合にも、運用会社やファンドの評価・選択にあたって、私たちの考え方を参考にしていただけると幸いです。こういう言い方をすると、「もっと自社のファンドを売り込まなければダメですよ」と忠告を受けることもあるのですが、個人投資家に余裕があるのならば、いくつかの運用会社のファンドに分けて積み立てをした方がいいと私は思っています。

ファンド運用に関して、コムジェストには3つの信念と、3つのディシプリン(規律)があります。まず3つの信念についてですが、ひとつ目は「長期的には企業のファンダメンタルズが株価を決定し、株価の成長率はEPS(1株当たり純利益)の成長率に連動していく」ということです。言い換えるならば、持続的なEPSの成長が個人投資家に長期リターンをもたらすことになるわけ

ファンド運用に関する3つの信念

1. 長期的には企業のファンダメンタルズが株価を決定し、株価の成長率はEPSの成長率に連動していく
2. 優れた利益成長を持続できる企業においても、市場は必ずしも正しい評価をしているとは限らない
3. 持続的にEPSが成長する企業への投資は、平均以下のリスクで優れたリターンを上げることにつながる

です。これは株式市場の大前提としていわば当然のことですが、現実問題として、こうした考え方すら日本人には浸透していないのが実情です。ちなみに企業のファンダメンタルズとは、ビジネスモデルや参入障壁、財務基準など、企業価値のベースとなるさまざまな経営ファクターを指します（198ページ参照）。

2つ目は、「優れた利益成長を持続できる企業においても、市場は必ずしも正しい評価をしているとは限らない」ということです。時として株価は上にも下にも行き過ぎることがあるわけですが、私たちはそうした短期的な株価変動に踊らされることなく、あくまでも企業の長期的な利益成長にもとづいて運用をおこないます。

3つ目は、「持続的にEPSが成長する企業への投資は、平均以下のリスクで優れたリターンを上げることにつながる」ということです。いわゆるボラティリティ（期間収益のぶれ）を3年～5年で見ると、コムジェストの株式ファンドでは総じて対象市場のインデックスよりも低くなっています。コムジェストの投資対象はいずれも年10％以上の利益成長を長期的に持続できると考えられる「クオリティ・グロース企業」（質の高い成長企業）なので、そもそも株価が下がりにくいうえに、市場全体が下がった際にも株価がそれほど下がらないという特徴があります。

30〜40社に厳選投資する集中型ポートフォリオ

次に、コムジェストが運用にあたって順守している3つのディシプリンをご紹介します。ひとつ目は「指数からの独立」です。私たちはインデックス(指数)に勝つことを目指した投資はおこないません。インデックスにとらわれず、長期的に年率10%以上の絶対リターンを追求します。株式市場が全体としてどのように動こうとも、長期的に年率10%以上のリターンを投資家に届けるのが目標です。そのために、EPSが2ケタ(年10%以上)で成長していく企業に厳選投資をおこないます。妥当な株価水準で投資することが前提になりますが、年10%以上でEPSが成長していく企業の株式に投資すると、長期的にはリターンも年率10%以上になることが高確率で期待できます。

海外の公的年金や企業年金、ファミリーオフィス(富裕層の資産管理を担う組織)など、機関投資家も多くコムジェストの顧客となっています。機関投資家は単年度決算で運用の評価を受けるため、インデックスに近い運用を求めるケースが一般的ですが、コムジェストの顧客である機関投資家は、いずれも長期的な絶対リターンの追求という私たちの考えを理解したうえで投資してくれています。

株式ファンドのアクティブ運用で長期的な絶対リターンの追求を100％掲げている運用会社は、非常に珍しいと思います。また、私たちは投資先の選択にあたって企業の5年先までの利益水準を分析すると明言していますが、そのような例は、日本で

運用にあたって順守している3つのディシプリン

1. 指数からの独立：

長期的に年率10％以上の絶対リターンを追求する

2. 集中型ポートフォリオ：

30～40社のクオリティ・グロース企業に厳選投資する

3. 徹底したチーム運用：

運用チーム全員で意思決定をおこなう

ビジネスを展開している運用会社のなかではコムジェスト・アセットマネジメントだけではないでしょうか。少なくとも私は、他に聞いたことがありません。

2つ目は「集中型ポートフォリオ」です。運用会社によっては200〜300程度の銘柄に投資するところもありますが、私たちは30〜40社のクオリティ・グロース企業に厳選投資します。200社も300社も投資したら、1社の株価が上昇しても、そこから得られるリターンが低くなってしまうからです。たとえば30社に投資した場合、1社当たりの投資比率は単純平均で3%程度となるため、その企業の株価が上昇すれば、ファンドのパフォーマンスに十分寄与します。当然のことながら、私たちはクオリティ・グロース企業の厳選に絶対的な自信を持っており、それも集中型ポートフォリオを構築する理由のひとつです。

ちなみに日本企業でいうと、上場企業が約4000社あるなかで、5年先まで2ケタ成長を見込める会社は40社程度、つまりは1%です。それから現状の株価水準が高くて投資に踏み切れなかったり、2ケタ成長に関してもう少し高い確信度がほしいという「投資予備軍」が40社程度あります。両方を合わせても、コムジェストの投資先候補になるのは日本企業全体の2％程度にすぎません。

企業の調査を開始してから、新規の投資をスタートするまでに長い時間をかけるのもコムジェストの大きな特徴です。早くても2年程度、長いケースでは5年程度の時間をかけてじっくりと企業リサーチをおこない、2ケタ成長の持続性が確信できてから投資します。コムジェストのグローバル株式ファンドや新興国株式ファンドで投資しているTSMC（台湾セミコンダクター）は、調査開始が2002年で、投資をスタートしたのが2007年でした。それから17年間、ずっと保有し続けています。同社がきちんと2ケタ成長を遂げているからです。

私たちは投資ウエイトの調整はおこないますが、株価の短期的な動向に合わせて売ったり買ったりはしません。長期にわたって2ケタ成長を持続するようなクオリティ・グロース企業は、社会の役に立っている素晴らしい会社ばかりであり、できればずっと投資し続けたいと考えています。

運用チームの一人でも反対すると、新規投資も全売却もできない

ディシプリンの3つ目は「徹底したチーム運用」です。他の運用会社にもチーム運用を標榜しているケースが目立ちますが、コムジェストは口先だけのチーム運用ではありません。正真正銘、本当のチーム運用です。これには私自身、コムジェスト・アセットマネジメントに入社して非常に驚かされました。

たとえば新規の投資先を決める際にも、すでに保有している銘柄の全売却を決める際にも、基本的には運用チーム全員でディスカッションをおこないます。運用チームの一人でも反対すると、新規投資も全売却もできない仕組みになっています。ディスカッションのポイントは、企業利益が2ケタで成長していくことに確信が持てるかどうかです。ただし、企業の不正や不祥事が発覚するなどの緊急時においては、例外的にチームリーダーの判断で対処する場合もあります。

コムジェストでは、いわゆるスター・ファンドマネージャーはつくりません。投資家

は基本的に過去のパフォーマンス実績を見てコムジェストのファンドを選ぶので、私たちにはパフォーマンスの持続性や再現性を高める責務があります。スター・ファンドマネージャーのように誰か一人の運用能力に依存した場合、その人が辞めると運用のクオリティに大きな影響が及びかねません。そうではなく、チームによる運用を徹底することで、将来的にも同じ運用のクオリティを保つことが可能になります。たとえメンバーの一人が抜けても、年率10％以上のパフォーマンスを維持できるように、チーム全員で意思決定をおこなっていくこと。それが私たちの、投資家との約束なのです。

コムジェストのファンドのベースとなっている各株式戦略について過去のパフォーマンス実績を見ると、グローバル株式戦略では33年間の年率リターンが13・0％、ヨーロッパ株式戦略では30年間の年率リターンが12・8％、日本株式戦略では15年間の年率リターンが13・2％、グローバル・エマージング市場株式戦略では29年間の年率リターンが9・5％（いずれも2024年6月末現在）となっています。新興国株式ファンドのみ現状では年率10％を若干下回っていますが、今後もチーム運用によるパフォーマンスの持続性、再現性を十分に期待していただけるかと思います。

グローバル株式戦略代表口座（設定日：1991/06/30）

ヨーロッパ株式戦略代表口座（設定日：1993/12/31）

出所：コムジェスト・アセットマネジメント

日本株式戦略代表口座（設定日：2009/06/30）

グローバル・エマージング市場株式戦略代表口座（設定日：1994/12/31）

出所：コムジェスト・アセットマネジメント

Column

投資を決めた企業は必ずポートフォリオの1%以上保有する

コムジェストでは、投資をおこなうと決めた企業については少なくともポートフォリオの1%は投資します。3つのディシプリンの「集中型ポートフォリオ」に関して、30~40社に厳選投資するのは株価が上昇した際にパフォーマンスへの貢献度が高くなるからという説明をしましたが、投資比率を1%以上にするのも同じ理由からです。いきなり1%の保有比率にするのではなく、徐々に1%になるように買っていくのですが、最終的に1%以上は必ず投資する決まりになっています。0.3%や0.5%といった少ない比率での投資はおこないません。

銘柄ごとの投資比率を決める際には、運用チームでディスカッションをおこない、以下の3つの項目でウエイト付けをしていきます。ひとつ目が「利益成長」で、年10％以上の利益成長を見込めることが最低条件となりますが、10％成長よりも12％成長や15％成長を見込める企業の方がウエイトは高くなります。

2つ目が「バリュエーション」（企業価値に対する株価の水準評価）です。139ページで説明したように、私たちは企業への投資を決定する段階ではGARPの指標としてPERを使います。具体的には、たとえば過去5年の平均PERが20倍の企業があったとして、現在のPERが同じく20倍だったら2％しか投資しないところを、現在のPERが15倍だから3％に増やそうといった判断をおこないます。

3つ目が「透明性」で、ディスクロージャーの充実度をウエイトに反映させます。コムジェストが投資している日本企業でいうと、キーエンスやファナックは数年前までディスクロージャーに積極的ではなく、アナリスト泣かせの会社として有名でした。しかし、両社はコムジェストに対して「長期で投資する運用会社」という認識と信頼を持っているため、当初から情報開示には親切に対応してくださっています。

6つの厳格な選定基準で企業を徹底的に調べ尽くす

ビジネスモデルを運用チームの全員が完全に理解できるかどうか

コムジェストは投資にあたって企業を隅から隅まで徹底的に調べ尽くします。だから投資をスタートするまでに時間がかかるわけですが、時間がかかってもいいというのが私たちの考え方です。たとえば調査中にその企業の株価が上がったとしても、まったく気にしません。中途半端な調査で意思決定をおこなう方が、投資のプロとして失格であると考えています。何度も言いますが、私たちは企業の価値を見るのであり、株価に振り回されることはありません。企業の価値が2ケタで成長するのかどうか、ひたすら調べ続けるのです。

コムジェストでは厳格な企業選定基準として、「ビジネスモデル」「参入障壁」「内部成長」「財務基準」「持続性」「経営」という6つの項目を設けています。これらは企業のファンダメンタルズに当たるものですが、6つをすべて満たすことが投資の条件になるわけではありません。あくまでも私たちが企業の長期的・持続的な成長性のプルーフ（確証）を得るために、6項目を見ていくということです。逆にいうと、これらを一つひとつチェックすることで企業の弱点を捉えることも可能になります。

ビジネスモデルについては、「透明性」「継続的な収入」「価格決定力」「顧客・サプライヤーの幅広さ」という4つの観点から分析をおこないます。透明性とはすなわち、理解しやすいビジネスモデルであることです。私たちが理解できないビジネスには投資しません。著名な投資家でも、ウォーレン・バフェット氏はハイテク株に投資しないことで有名だし、ピーター・リンチ氏もハイテク株よりは身近な企業への投資を好みました。私たちはハイテク株にも投資しますが、大切なのはどのような業種の企業であっても

6つの厳格な企業選定基準

ビジネスモデル	・透明性（理解しやすいビジネスモデル） ・継続的な収入 ・価格決定力 ・顧客・サプライヤーの幅広さ
参入障壁	・ブランド力・フランチャイズ ・特許 ・恒久的なノウハウ ・スイッチング・コスト ・顧客ロイヤルティ ・事業規模
内部成長（オーガニック・グロース）*	・地理的拡大 ・製品・サービスの拡充 ・成長市場への取り組み ・革新的な技術力 * 企業買収や合併などによらない成長
財務基準	・優れた利益成長性（EPS＞10%） ・効率的な資本の活用（15%以上のROE） ・健全なバランスシート、低い負債比率 ・競合平均以上の利益率
持続性	・優秀な人材・企業文化 ・環境への配慮 ・社会的効用 ・政治・規制からの影響の受けにくさ
経　営	・明確なビジョン ・誠実さ ・適切な情報開示 ・コーポレート・ガバナンス

運用チームの全員がビジネスを「完全に理解できること」です。

たとえば医薬品メーカーを分析する場合、運用チームの全員が医薬品に精通しているわけではありません。そのため医師や薬剤師、大学教授らとミーティングの場を設け、教えを請うようにしています。投資とは関係なく、プロの視点から薬の実効性や競争力などについてご教授いただき、企業に関する理解度を深めていくのです。運用チームの全員が納得するまで、その道のプロの力も借りながら企業を分析することが、ビジネスモデルを理解するうえでのスタート地点となります。

スマホがつくられ続ける限り、アームの収益が継続的に発生する

継続的な収入が望める例としては、たとえばコムジェストが2002年からずっと投資を続けている、シスメックスという医療機器メーカーがあります。血液検査の機

器などを販売しているのですが、それに付随して試薬も必ず売れることになります。これはいわば、プリンターとトナーの関係に似ています。日米欧の先進国や中国などで高齢者人口が増えるなか、病院へ行く人の数は世界的に増加傾向にあります。問診だけで済まない症状の場合、まずは血液検査や尿検査などの生体検査をおこないます。いわば病院における診察のスタート地点が血液検査であり、その検査機器で世界1位のシェアを誇っているのがシスメックスなのです。

ソフトバンクグループが2016年に買収した英国のアームは、半導体の設計会社です。同社は半導体の設計IP(知的財産=回路情報が含まれるデジタルデータ)を持っていますが、それには省電力という特徴があり、スマホが熱くならないのがメリットです。だから米国のアップルをはじめとして、世界中のスマホメーカーはアームの設計IPを使ってスマホ用の半導体をつくらざるを得ません。つまりは世の中でスマホがつくられ続ける限り、継続的に収益が発生することになるわけです。

価格決定力が強い企業の例としては、信越化学工業が挙げられます。私たちは同社の持つ半導体用シリコンウエハーの技術を高く評価していますが、実は同社のビジネスの3～4割は塩化ビニル樹脂(塩ビ)事業が占めており、世界シェアはナンバーワンです。塩化ビニルは市況商品なので、原油価格が上がると製造コストが上昇します。たとえば2022年の2月にロシアがウクライナに侵攻して原油価格が上昇しましたが、信越化学工業は同年秋には塩化ビニルの価格を大幅に上げると発表しました。世界トップシェアの会社が、これだけ迅速に原材料価格の上昇分を販売価格へ転嫁できるのですから、すさまじい価格決定力といえます。

顧客・サプライヤーの幅広さについては、LVMHモエ・ヘネシー・ルイ・ヴィトンが典型例です。次の「参入障壁」のところで詳しく紹介しますが、傘下に70以上の有力ブランドを持っており、それぞれのブランドに固定客が付いている点が大きな強みです。そのほか、ユニクロを展開するファーストリテイリングは、世界的なサプライチェーンの幅広さによって「必要な商品を、必要なタイミングで、必要な分だけ届ける」という同社の目標を実現しています。

各ブランドの固定客数から5年先までの利益を推定できる

企業選定基準の2つ目は「参入障壁」で、具体的には企業の「ブランド力」や「特許」などが挙げられます。私はＩＦＡ向けのセミナーや勉強会で、参入障壁の重要性についてよく話をします。企業の利益が5年先まで2ケタ成長できるということは、これから5年間、その企業が存在を脅かされず、高い確率で勝ち続けるということです。それを担保するのが、企業に備わった特別な参入障壁なのです。毎年のように競争相手が現れて、闘いを挑まれるような企業ならば、私たちは投資しません。「参入障壁の高い企業に投資するから2ケタ成長を期待できる」という風に考えていただくと、ＩＦＡがお客さんに参入障壁の重要性を説明する際にも、理解してもらいやすいのではないかと思います。

前述のＬＶＭＨモエ・ヘネシー・ルイ・ヴィトンは、少なくとも今後3年～5年にわたって、ブランド力が低下する理由が見当たりません。傘下のブランドをざっと挙げると、ファッション系ではルイ・ヴィトン（創業１８５４年）、ジバンシー、フェンディ、セリーヌなど。化粧品・香水ではディオール、ゲラン、パルファム ジバンシィ、ロエベ（創業1846年）など。時計・ジュエリーではタグ・ホイヤー（創業1860年）、フレッド、ブルガリ、ティファニーなど。ワインではモエ・エ・シャンドン（創業1743年）、ヘネシーなど。これでもかと歴史ある有力ブランドが並んでおり、それぞれに固定客がいます。

だからコムジェストはLVMHに関して、5年先までの利益を高い確度で計算することができます。どのブランドについても、新商品が出たらどれぐらいの個数が売れるのか、固定客の数によってほぼ推定できるからです。LVMHは2〜3割の営業利益が出るように商品価格を設定しており、いっさいディスカウントはおこないません。供給も絞られているため、中古品の価値がどんどん高まっていきます。また、個々のブランドを独立させたうえで、コストを抑えるために経理や総務、人事などのバックオフィスは全ブランドで共通化しています。空港の免税店などを運営するDFSも、実はLVMHの傘下にあり、その店舗に自分たちのブランドを並べて販売しています。まったくもって隙のないビジネスモデルであり、これこそが強固な参入障壁といえます。

同じくブランド力が参入障壁となっている企業に、エルメスやフェラーリがあります。エルメスの「ケリー」や「バーキン」といった高級バッグは入手するまで2年待ちです。フェラーリの新車は現在、1台平均で1億円程度ですが、こちらもおおむね2年待ちです。こうしたブランド力は、競合他社がいくらケンカを売っても勝てるものではありません。エルメスとフェラーリについては、少なくとも2年先までの利益は確実に読めることとなります。

特許が参入障壁になる例として分かりやすいのは医薬品メーカーでしょう。医療用医薬品は特許の有効期間が最長25年間(特許の出願日から)なので、新薬が承認されれば、かなり長期的な収益につながります。米国の製薬大手イーライ・リリーは肥満症治療薬のほか、認知症治療薬の開発でも注目を浴びています。同社のアルツハイマー病治療薬「ドナネマブ」は2024年7月に米国の食品医薬品局(FDA)から承認を受け、続いて8月には日本の厚生労働省からも承認を受けました。原因物質を取り除いて認知症の進行を抑制する薬としては、日本のエーザイと米国のバイオジェンが開発した「レカネマブ」に続いて世界で2例目となります。

デンマークの製薬大手ノボノルディスクは、糖尿病の治療薬で世界ナンバーワンの会社です。同社が製造する「GLP-1受容体作動薬」は、糖尿病治療薬「オゼンピック」のみならず、肥満症治療薬「ウゴービ」にも応用されて、世界中で需要が高まっています。同社は2024年6月、供給不足の課題に対応するため、米国ノースカロライナ州の工場増強に41億ドルを投資すると発表しました。

新興国の経済発展によって糖尿病の増加がメガトレンドに

いま紹介したノボノルディスクは、企業選定基準の3つ目である「内部成長」にも合致しています。内部成長とは、企業買収や合併などによって成長するのではなく、自社の経営資源のみで成長すること(オーガニック・グロース)を指しますが、イメージとしては世界的なメガトレンドを取り込んだ成長と言った方が分かりやすいかもしれません。世界的な潮流として、たとえば新興国の経済発展や、最近ではＡＩの急速な進化が挙げられますが、新興国の経済発展によって糖尿病の増加も大きなトレンドになりつつあります。

糖尿病は先進国の病気と考えられがちですが、実はアフリカでいま最も問題になっているのが糖尿病なのです。これまで質素な生活を続けてきた貧困層の人々が、中間層になって急に食生活が豊かになり、高カロリーの食事をとるようになったことが糖尿病や肥満につながっています。糖尿病はアフリカだけでなく、いまや新興国に共通の課題です。先日観たＮＨＫのドキュメンタリー番組によると、メキシコでは小学生の３人にひとりが肥満だそうです。それほど経済的に豊かではない人でも、カップ麺やポテトチップスをよく食べるようで、成人後は２人にひとりが糖尿病になるリスクがあると報道されていました。

ノボノルディスクは先進的な糖尿病治療薬を数十年にわたってつくり続けていますが、薬によって減る以上に、糖尿病患者の増え方が激しくなっています。こうしたメガトレンドが続くかぎり、5年先の利益どころか、半永久的な利益が同社にもたらされることとなるでしょう。前述したように、同社は肥満症治療薬でも高い競争力を誇っており、内部成長の余地は計り知れません。

企業選定基準の4つ目である「財務基準」については、第2章で説明したように、資本活用の効率性としてROEとROICを同時にチェックするほか、バランスシートの健全性や負債比率の低さなども重視します。財務情報はあくまでも過去の実績に過ぎませんが、過去5年以上にわたって財務状況を細かくチェックすると、企業の経営スタイルを大まかな傾向として見て取ることができます。日本企業について言うならば、コムジェストでは比較的、自己資本比率の高い企業に投資しており、これから日本国内で金利が上昇した場合でも、その影響はほぼ受けないと考えられます。

主力事業を大胆に変更するのも、経営者の明確なビジョンの表れ

企業選定基準の5つ目である「持続性」と、6つ目である「経営」は、いわゆるESGに相当する部分です。持続性では具体的に「優秀な人材・企業文化」「環境への配慮」「社会的効用」「政治・規制からの影響の受けにくさ」などをチェックしますが、環境への配慮はE、残りの3つはSに当たります。そして経営では「明確なビジョン」「誠実さ」「適切な情報開示」「コーポレート・ガバナンス」などをチェックしますが、これらがGに当たります。

コムジェストが投資する企業の経営者は、いずれも10～20年後に向けて自分の会社をどのように成長させるかという明確なビジョンを持っています。自分の任期をつつがなく過ごしたいと願うサラリーマン社長が経営しているような会社には、私たちは絶対に投資しません。企業を見るうえで、たとえば参入障壁は非常に重要なファクターですが、最低でも10年程度の長期ビジョンがないと、どれほど高い参入障壁があった

としても投資はできません。ビジョンとはそれほど重要なものであり、企業選定のスタート地点に立てるかどうかは、経営者が明確なビジョンを持っているかどうかで決まると言ってもいいほどです。

主力事業を大胆に変更するのも、経営者の明確なビジョンの表れです。ソニーグループは過去70数年間で主力事業が大きく変わってきました。家電から始まって、ウォークマンで音楽分野に注力し、プレイステーションでゲーム分野に注力して、現在は半導体およびエンタメなどのコンテンツビジネスが中心です。ソフトバンクグループもパソコンソフトから始まって、携帯電話に注力した後、投資会社となって、今度はAＩを主力事業にすると宣言しています。自分たちのコアの強みを生かしながら、どの分野で成長していくのかを模索し、必要とあれば躊躇なく変わっていくことも経営者の能力です。

反対に主力事業を変えない企業もあります。ファーストリテイリングは10年後もアパレルの会社だろうし、ニトリホールディングスは10年後も家具を売っているだろうと私は思います。少なくともAＩ企業にはなっていないはずです。世界の人口が増えるなか、これから新興国で中産階級がどんどん増えてくると、アパレルも家具も相当長期にわたって需要拡大が見込めます。ファーストリテイリングはすでに海外市場が主戦場だし、ニトリホールディングスも海外出店を進めています。10年先にも十分に勝機があると考え、得意分野に特化していくという経営判断を下しているわけです。

Column

人材育成の話がほとんどの社長ミーティングにショックを受けた

6つの企業選定基準の「持続性」には「優秀な人材・企業文化」という内容がありますが、これに関連して10年ほど前、パリへ出張したときのことをいまでも鮮明に覚えています。コムジェストのヨーロッパ株式ファンドがその当時に投資していた、スイスの医薬品会社の社長ミーティングに参加させてもらいました。1時間のミーティングで、参加者はコムジェストのアナリストなど7～8名でした。私は新薬の発売予定などがメインの話題になると思い、あらかじめ難しい薬の名前などを予習して行ったのですが、その種の話は1時間のなかで10分もありませんでした。50分以上が「いかに社員を育てるか」という話だったのです。

その会社は大手の製薬会社からスピンアウトしたCEOが、奥さんと友人の3人で小さな研究室から始めました。20年ほどの間にずっと社員を増やしてきて、結局は「成長＝人材」であることを実感したそうです。コムジェストのアナリストも、ずっと人材関連の質問をしていました。私がかつてアナリストをやっていた1990年代には、ビジネスモデルや財務基準の話ばかりを質問したものです。当時はそもそも企業価値の8割程度を有形資産が占めており、誰も人材育成の話などしませんでした。

スイスの会社のミーティングは、私にとって結構なショックでした。CEOは20代の社員におこなう教育研修や、大学に出向させる予定など、多くの人材育成プランについて熱く語ってくれました。それが「うちの会社は持続的に成長するよ」というメッセージなのです。一つひとつの新薬は売れなければ終わりですが、優秀な人材がいて一生懸命に働くかぎり、企業は成長できるわけです。こうした考え方が私にはとても新鮮であり、「投資っていいものだな」と改めて思いました。

日本でも最近は統合報告書などで人材の話を多く見かけるようになりましたが、「成長＝人材」という意識において日本はまだまだ遅れていると思います。どう考えても、企業にとって大事なのは人です。企業の持続的な成長は、若手をどのように育て、優秀なマネージャーにしていくかにかかっています。

運用組織としてのユニークな特徴と強み

「社員が株主」なので業績を説明する必要がない

コムジェストは株式運用のみの運用会社なので、年によって業績の変動がかなり激しいという特徴があります。投資先企業の株価が上昇すると純資産残高も増えるため、信託報酬は増えることになりますが、逆に株価が大きく下がると信託報酬は激減します。コムジェストが株式を公開していない理由はそこにあります。社外に株主がいたら短期的な業績の説明をしなければなりませんが、私たちは「社員が株主」というビジネスモデルを採用しているので、その必要がありません。

このビジネスモデルでは純資産残高、すなわち投資家からの預かり資産が増えると、コムジェストの資産価値も増加します。ファンドの目標は数十年という長期にわたって投資家に年率10％以上の利益成長を届けることですが、その意味において投資家と私たちのベクトルが１００％、合致しているのです。ファンドのパフォーマンスが下がった際には、投資家の痛みと私たちの痛みが共有されることになります。

コムジェストでは、ファンドマネージャーが自分の運用するファンドに多くの金額を投資しています。私自身もコムジェストの株式を保有しているし、ファンドにも相応の金額を投資しています。社員全員が投資家と同じ目線に立って会社経営に臨んでいるからこそ、近視眼的な動きにならないわけです。私たちにとって最も重要なのは、長期で顧客資産を増やしていくことです。良い企業をしっかりと見きわめ、２ケタ成長の確度を何度も検証して、いわば石橋をたたきながら長期的な視点で投資をおこなっていきます。株価が割高になったら一部を売ったり、市場の評価が低くて割安な場合は買い増すこともありますが、長期で利益成長を目指すという投資のスタンスはいっさい変えません。

幅広い世代による多様な視点と組織のフラットさ

コムジェストのアナリスト兼ポートフォリオ・アドバイザーであるリチャード・ケイは、自分がファンドで投資している企業だけでなく、たとえば上場していない企業についてもよく知っています。世の中に存在する、ありとあらゆる情報をできるかぎり取り込んで、投資先企業の分析に活用しているのです。そういう優秀な人間は、外部からコムジェストに移ってきたケースがほとんどです。

コムジェストでは新たに人を採用する際にも、非常に多くの時間をかけます。何カ月もかけて運用チームの全員が面談をおこない、チーム全員が「イエス」と言わなければ採用はできません。面談で最も重視する点は、チームでずっと一緒に仕事をしていけるかどうかです。「自分が、自分が」という自己顕示欲の強い人間はいりません。いかに高いレベルでチームワークを発揮できるかがポイントになります。また、たとえば日本株の運用チームで新たに人を採用する場合、英語と日本語はネイティブが必須です。運用チームではすべてを英語で議論するし、日本企業について財務諸表以外の情報は英語になりにくいからです。

運用チームとして長期的に高いパフォーマンスを持続していくためには、メンバーのジェネレーション(世代)を均等にすることが重要だと考えています。年齢層でいうならば、50代、40代、30代、20代がほぼ4分の1ずつになるようにチームを構成するのです。50代と20代では育った環境が違うので、企業に対する見方も大きく異なってきます。

コムジェストでは10年ほど前に、LINEを運営している韓国のネイバーへ投資を始めました。その当時、20代の女性メンバーが「LINEはこれから世の中でどんどん普及していきますよ」と言ったのですが、50代だったCEO兼CIOは「スタンプって何だ?」という感じでまったく理解できませんでした。何を隠そう、私も10年ほど前に日本でLINEが広がり始めたとき、同じようなことを言っていました。それが現在では、あまりに便利でさんざん使っています。

結局、20代の女性メンバーに説得されてネイバーへの投資を開始したのですが、この事例はコムジェストの2つの特長を表していると思います。ひとつは前述したように、幅広い世代の人間を揃えることで、社会や企業に対する多様な視点を持てること。もうひとつは、20代の意見でも価値が高いと判断すれば採用する組織のフラットさです。

ちなみにコムジェストでは、女性ファンドマネージャーの割合が4割を超えています。これは資産運用業界において最も高い方だと思います。国籍も非常に幅広く、2023年12月末現在、世界に12あるオフィスの約200名にのぼる役職員は30カ国以上の国籍からなっています。

運用チームをまたいで企業情報を積極的に共有する

コムジェストの運用チームでは、投資先候補の企業について議論する際に、あえて数人に反対意見を言わせるようにしています。ディベートでよくやるように、徹底的に企業の粗探《あらさが》しをして議論をぶつけ合い、確証バイアスを排除します。そうすることで、見えていなかった企業の注目点が浮かび上がってくることもあります。まずは一生懸命に質の良い情報を集め、その後はいっさい妥協することなく分析して議論する。そこに多くの時間とエネルギーをかける。これこそがアクティブ運用の、アクティブたる所以《ゆえん》です。

運用チームをまたいで企業情報を積極的に共有するのも大きな特徴です。日本株運用チームのミーティングは毎週水曜日の夕方(日本時間)におこなわれますが、そこにグローバル株式やヨーロッパ株式、アジア株式(除く日本)などの各運用チームも入ってきます。コムジェストの投資先や投資先候補の企業には、グローバルに事業を展開している会社が多いため、ひとつの運用チームのミーティングが他の運用チームにとっても、コンペティターなどの情報を得る貴重な場となります。

たとえば医療機器メーカーのシスメックスは、中国ではマインドレイという会社と競合しています。アジア株式の運用チームにとってマインドレイは投資先候補なので、投資の是非を見きわめるうえでシスメックスの情報が必須となります。同じく米国市場ではダナハーが競合で、欧州市場ではロシュ(スイス)やシーメンスヘルスケア(ドイツ)が競合です。アメリカ株式やヨーロッパ株式の運用チームがこれらの競合企業とエンゲージメント（継続的な対話）をおこなう際にも、シスメックスの情報は説得力のある材料となります。

もちろん日本株運用チームも、他の運用チームのミーティングに参加します。コムジェストの日本株ファンドでは2024年6月末現在、39社に投資していますが、全社の売上を合計すると、その6〜7割は海外市場によるものです。そもそも国内だけの情報を見ていたのでは、投資先企業の本質を知ることができません。

Column

「積み立て投資をするならコムジェスト」というポジショニング

コムジェストは1985年にフランスのパリに設立された独立系の資産運用会社です。日本拠点として2007年に日本コムジェストを東京に設立し、16年に現在のコムジェスト・アセットマネジメントに社名変更しました。

本書を通じてお伝えしてきたように、コムジェスト・アセットマネジメントではIFAという存在を全面的にバックアップし、IFAを通じて個人投資家に積み立て投資を積極的に推奨しています。積み立て投資にはいちど始めると、投資対象の資産がなかなか変わらないという特性があり、私はそれがコムジェスト・アセットマネジメントの参入障壁になると思っています。だから私が社長を務めている間に、「IFAによるサポートのもと、積み立て投資をするならコムジェスト」と日本の個人が思ってくれるようなポジショニングをぜひとも確立したいのです。

積み立て投資でお客さんの運用資産をコツコツと積み上げていくのは、本当に多くの時間と手間がかかります。たいへんなエネルギーが必要ですが、一つひとつ丁寧に積んでいった石垣は強固になります。私が入社したとき、コムジェスト・アセットマネジメントは12人の陣容でしたが、10年が経過した現在も同じく12人です。その間、まったく人を増やすことなく、お客さんの資産を積み上げてきました。この体制を私がいなくなった後も、しっかりと継続・発展させること。それがいま私の考えているいちばんの重大事であり、私の明確な経営ビジョンです。

そのために、今後はアクティブのファンドマネージャーをどんどん育てていく必要があります。資産運用業界のなかでは小さな規模にすぎませんが、クオリティ・グロース専門の運用会社として、企業の調査分析能力をどこまでも高めていくことが私たちの目標です。

ESGの観点から保有禁止企業の情報をアップデート

煙草やカジノ、非人道的な軍需産業には絶対に投資しない

アクティブ運用とインデックス運用の違いが明確に出るポイントとして、ESGの観点があります。コムジェストでは、煙草やカジノ、ギャンブルに携わる会社には投資しません。JTやフィリップモリスなどの煙草メーカーに投資しないのは、もちろん煙草が身体に悪いからです。煙草の売り上げが10％以上を占めるコンビニも投資対象から外しました。カジノはギャンブル依存症の温床であり、家庭が破綻するなど不幸な人を増やしているという事実は否定できません。

改めて言いますが、私たちが投資する企業の条件は、2ケタで利益が成長していく

ことです。企業の選定に当たっては5年先までの利益を計算しますが、実際には5年以上、10年、15年と長期的に利益が2ケタ成長していく会社ばかりです。それは具体的にどのような会社かというと、まず明確なビジョンと参入障壁があること。そして、素晴らしい商品やサービスを提供することにより、人々に喜んでもらえる会社です。社会に貢献し、人々を幸せにする会社だからこそ、持続的に大きく成長できるのです。

人々が喜んで商品を購入し、サービスを使いたいと思う会社。あるいは人々の生活をどんどん豊かにしていく会社。そんな世の中から求められている会社を真剣に選んで投資するというのが、アクティブ運用のいちばん重要な機能です。ひいてはそれがプロローグでお話しした、豊かで美しい国を子どもたちに遺していくことにもつながります。

その真逆にあるのが、前述した煙草やカジノ、ギャンブルに携わる会社であり、非人道的な兵器を製造・販売する軍需産業の会社です。国際条約で禁止されているクラスター爆弾や対人地雷、化学兵器、核兵器などを製造・販売している会社には、コムジェストは絶対に投資しません。具体的には、米国のグラマンやロッキード・マーティン、ジェネラル・ダイナミクス、RTXコーポレーションなどが挙げられます。ESGの観点というよりは、人として投資できないと言うべきかもしれません。

コムジェストでは、そうした保有禁止企業の情報を半期ごとにアップデートしており、システムとして投資できない仕組みになっています。第2章で紹介したように、現状では全世界株のインデックスであるMSCI ACWIには24社、米国株のインデックスであるS&P500には12社含まれています。

「それではコムジェストが投資している三菱重工業はどうなのか」と質問を受けることがあるのですが、確かに三菱重工業は自衛隊に各種製品を納品しています。ただし、それらは日本国の防衛を目的に製造されているのであり、他国への輸出を通じて人殺しに使われているわけではありません。そのような観点から、私たちはESG投資について明確な線引きをおこなっています。

Column

人間は自分の時間やお金を何に使うかが問われる

最後に私からもう一度、念を押してお伝えしておきたいことがあります。投資や資産形成には、豊かで美しい日本という国を子どもたちの世代につないでいく機能があります。また、自分の投じたお金が企業の研究開発などを通じて社会に役立つという機能もあります。だからこそ、皆さんには単なる金儲けではない資産形成を心がけてほしいし、投機ではなく投資をおこなってほしいと思います。

私たち人間は1日のなかで、何百回とさまざまな意思決定をしています。どういう意思決定かといえば、そのほとんどは「自分の時間を何に使うか」ということでしょう。時間を使うことの多くは、実は投資であると考えることができます。たとえば食べることは、自分の身体や健康を維持するための投資であり、仕事や勉強に時間を使うのも、自分を高めていくための投資です。わざわざ自分の健康を害することを選ぶ人はいないし、自分の将来を不幸にする時間の使い方を選ぶ人もいません。

誰もが生まれつき持っている投資のリソース（資源）が時間です。そして、誰もが生まれつき持っているわけではないけれど、誰でも増やそうと思えば増やせるものが金融資産（お金）なのです。投資を通じてお金自身に働いてもらうことで、金融資産はどんどん増やしていくことができます。銀行に置きっぱなしにしていたら、お金はいっさい働いてくれません。

お金に働いてもらうためには、世の中から求められているような素晴らしい企業に投資する必要があります。たとえば皆さんが自分のお金をオリエンタルランドに投資すると、ディズニーランドで素晴らしいサービスを提供している社員さんたちが、皆さんの代わりにお金を増やしてくれるわけです。だからこそ、投資する企業は選ばなければなりません。インデックス運用ではダメなのです。

投資とは人間の「生きざま」でもあります。非人道的な兵器をつくることに時間を使えば、それがその人の人生になります。ＲＴＸコーポレーションで製造しているミサイルには、人を殺すか傷つける以外の機能はいっさいありません。厳しい言い方になりますが、そこで働いている人にとっては、それが生きざまなのです。職業選択の自由があるので、あまりとやかく言うつもりはないのですが、少なくとも私はそういう人たちと友だちになりたくありません。

その企業に自分のお金を投資するのは、その企業で働くのと同じレベルの行為だと思います。自分の時間を何に使うかと同じく、自分のお金を何に使うかという意思決定により、その人が何者であるかが決まります。私は自分のお金を非人道的な兵器の製造に使わせたくないので、インデックスファンドにはこれまで一度も投資したことがないし、これからもいっさい投資しません。

「いや、それでも手数料が安ければいい」という人も恐らくいることでしょう。それは個人の自由です。ただし、私のお話ししたことが事実であることを、ぜひとも知っておいてほしいのです。きちんと知ったうえで、判断を下してほしい。あなたが非人道的な兵器を製造する会社で働きたくないと考えるなら、その会社で自分のお金を働かせる気にもならないのではないでしょうか。

志を同じくする仲間との対談③

「産業資本の提供者としての意識を持つことで、投資という行為の意味合いがまったく別物になっていく」

中野晴啓さん × 高橋庸介
（なかのアセットマネジメント）

2023年に、なかのアセットマネジメントを設立した中野晴啓さん。かつては積み立てという投資の仕組みづくりに注力しましたが、新会社では本格的なアクティブ運用の普及をミッションに掲げています。コムジェストと同じ独立系運用会社がいま何を考え、何を目指すのか——。力強いメッセージをいただきました。

中野晴啓（なかの・はるひろ） なかのアセットマネジメント株式会社 代表取締役社長。1987年明治大学商学部卒業。現在の株式会社クレディセゾンへ入社。セゾングループの金融子会社にて資金運用業務に従事した後、2006年セゾン投信株式会社を設立。2007年4月代表取締役社長、2020年6月代表取締役会長CEOに就任、2023年6月に退任。2023年9月1日なかのアセットマネジメントを設立。

なかのアセットマネジメントの原型はコムジェスト

高橋　中野さんも普段よくお話しされていますが、資産運用は単にお金を増やすだけでなく、豊かな日本という国を子どもたちの世代に引き継いでいくうえでも重要であり、国民一人ひとりが待ったなしで取り組まなければならないと思います。ＩＦＡの皆さんに良きアドバイザーとなっていただき、日本の個人を正しい資産形成や資産運用に導いていく、その道しるべとしてこの本を書くこととなりました。

中野　いま全体の内容をかいつまんでご説明いただいたのですが、すごく良いまとまりになっており、僕もすぐに読みたいぐらいです。高橋さんの「人となり」が存分に反映されて、やはり本書も尖っていますよね。コムジェストや高橋さんとの最初の出会いは、僕が２００６年に前の会社(セゾン投信)をつくった直後で、ある種のひと目ぼれといいますか、ブティック型運用会社の理想を体現化されているところに魅《ひ》かれました。新しく設立した、なかのアセットマネジメントの原型はコムジェストといっても過言ではありません。

高橋　中野さんのことは、コムジェストに入社する前から存じ上げていました。私もフィデリティ投信やPCAアセット・マネジメントに在籍していた時代に、細々とですが「積み立てプロジェクト」を展開して、地銀に積み立て投資を広めてもらおうと努力したのですが、結局はダメでした。中野さんは、その積み立て投資を日本に普及させた功労者です。

中野　セゾン投信をつくった18年前は、日本の生活者の投資に対する意識が今日とはまったく違っていました。いまから考えれば、はるかに遅れていた時代

です。そんななかで新しい運用会社に求められた存在意義とは、投資の「仕組み」を提供することでした。当時はインデックス運用が個人投資家にほとんど普及していなかったし、そもそもインデックスファンド自体が現在よりコストも高い、いわばマイノリティの商品でした。僕自身、ずっとアクティブ運用でやってきた人間なので、インデックス運用は一貫して好きではありません。でも、インデックス運用には分散の徹底など、それなりの合理性が認められていたので、日本の個人にまずは投資の第一歩を踏み出してもらうきっかけとして、インデックスをパーツにしたアセットアロケーションのファンドをつくりました。

積み立てにこだわったのは、個人の投資行動を仕組み化することを重視したからです。多くの人が「長期投資は大切だ」と頭では理解していても、どうせマーケットが動けば、心がよろめくことは見えていましたので…。心のよろめきを抑制してくれる唯一の手段が積み立てであると簡潔明瞭に整理して、「とにかく積み立てをやればいい」というメッセージを前面に押し出したわけです。

しゃいます。

クオリティ・グロースという概念を日本に定着させていく

高橋　なかのアセットマネジメントではアクティブ運用にこだわっていらっしゃいます。

中野　18年前の時点で、僕としては資産運用のビジネスモデルとして最適なものをつくったつもりでした。そこから時を経てもう一度、まったく同じビジネスモデルの会社を立ち上げたら、それは現在の社会的需要にかなうものというよりは、単なるセゾン投信への意趣返しにすぎないでしょう。それでも一定の資産額は集まるかもしれませんが、そんなことをやっても何の意味もない。このタイミングで、せっかくゼロからのリセットで新しい運用会社をつくるのであれば、現在の経済・社会環境に鑑みて、いちばん必要とされる運用をおこなうべきです。これからメインストリームになる運用とは何か、もっと言うならば、日本の資産運用業界の高度化に向けて必要不可欠な機能とは何かを考えたとき、本格的なアクティブ運用しか思い浮かびませんでした。

高橋　なかのアセットマネジメントはコムジェストと同じく、「クオリティ・グロース企業」への投資に特化するのが特徴ですね。

中野　運用の哲学やベクトルについては、僕自身がコムジェストから学んだものが深く影響しています。将来的に日本の産業界を支えるというファンドの役割も踏まえると、長期運用の手法としてクオリティ・グロース以外に選択肢はないと考えています。しっかりと成長企業を厳選するアクティブ運用という意味で、クオリティ・グロースはいわば〝絶対正義〟なのです。ただし、クオリティ・グロースという概念は専門性が高く、一般性がありません。だからそれを一般化させること、日本の個人にしっかり定着させていくことを、なかのアセットマネジメントのメインコンセプトとしました。

よく考えると、グロースやバリューという言葉も、実はそれほど一般性があるとは言えません。たとえばグロース株ファンドに対しては、必ずといっていいほど「小型株ファンドですね」という声が上がります。それが日本の投信マーケットにおける、ある種のデファクト化した常識になっています。しかし、コムジェストが実践している運用は、小型株運用とはまったく異質なものです。高橋さんも常々おっしゃっているように、産業界に良い影響を及ぼす企業だけに投資するのが、「クオリティ」という言葉に込められた運用者の信念です。安定して世の中から支持される事業基盤と、それを裏付ける合理的なテクノロジーがあり、自らの社会的使命を履行していく経営の強い意志と覚悟がある。それらがすべて備わった企業こそがクオリティ・グロース企業です。そうした企業への投資に特化して実績をつくってきたのがコムジェストであり、僕はそれを長年この目で見てきました。

高橋　ファンド・オブ・ファンズである「なかの世界成長ファンド」には、投資対象としてコムジェストのファンドを2つ入れていただいています。

中野　今回は個別銘柄に徹底してこだわろうということで、個別銘柄についてはは自分たちでもリサーチをおこなっています。コムジェスト以外にも当面2社の外資系運用会社のファンドを投資対象としていますが、各ファンドの組入銘柄一つひとつに我々のリサーチを重ねていき、それを学びにさせていただきたいと考えています。日本株の運用については我々もプロとしての自信がありますが、グローバル株式についてはまだまだです。これから学びを積み上げていくと共に、独自に銘柄選択をおこなう私募ファンドも入れようと準備を始めているところです。

投資に意志を込めることで、お金による民主主義を体現できる

高橋　コムジェストの今後について思うところがありましたら、忌憚のないご意見をお願いいします。

中野　これからも「何も変わらない」ことがコムジェストに対する期待です。いちばん嫌なのは、規模が大きくなってしまうこと。一定の評判も実績もあるので、多くの資産を集めようという方向に舵を切れば、そこそこ成就するはずです。でも、それは過去数十年にわたって大切にしてきたブティック型運用会社としての理念と歴史を踏みにじることになる。そんなことはコムジェスト自身

が百も承知だとは思いますが、ちょうどいまCEOが変わったところなので、今後も踏襲されていくかについてはしっかりと観察させてもらいます。

高橋　日本のIFAや個人投資家に対しては、どのようなメッセージを発信したいですか。

中野　投資というものを数字や記号だけで見てほしくないということです。いま日本が国家戦略として国民に長期投資を促しているのは確かだし、国家戦略のゴールのひとつは、すべての国民がきちんと財産づくりという目標を叶えることでしょう。そこには何の間違いもありませんが、そこで終わってほしくないというのが僕の願いです。投資と預貯金は何が違うのか。投資とは、そこに人間が自分の「意志を込めること」です。最初は「将来的にお金が増えたらいいな」という希望から始まってもいいのですが、自分のお金にどのような意志を込め、お金がどういう形で増えていくかという気付きがあったとき、投資そのものが大きく価値化していきます。

みんなが投資をコモディティ化（大衆化）された行動と受け止めてしまうと、

投資を数字でしか見なくなり、コストの安さや価格の上がり下がりでしか価値を実感できなくなります。結局のところインデックスは、相場が下がり始めたときには気持ち良く下がって行きますからね。シューッと直線で下がって行く。それは投資をコモディティ化されたものと捉えている人にとっては楽しくないので、続かなくなるのです。

高橋　私が「手数料の呪縛」といって、インデックス運用が主流になることの弊害を危惧しているのと同じですね。

中野　だからこそ長期投資を自分の人生軸のなかで定着させるためには、アクティブ運用の要素が必要になります。アクティブ運用は、自らのお金に意志を込めて、将来に向けて投じていく行為ですから。そのような気付きを社会全体に広

めることが我々のミッションだと思います。自分のお金がひとつの企業に資本として入っていったとき、企業がその資本を使うことによって世の中が現在よりもっと豊かに、便利になる。いわば産業資本の提供者としての意識を持つことで、投資という行為の意味合いがまったく別物になっていきます。

なかのアセットマネジメントが日本株の運用にこだわりを持っているのも、その点が関係しています。自分が拠《よ》って立つ日本に対して、「もうダメだ」という態度で本当にいいのでしょうか。みんな政治が悪い、行政が悪いと言いますが、そうではなくて日本は民主主義の国であり、国民の一人ひとりが未来に向けて強い意志を持ったとき、この社会を変えることができるのです。デモや革命ではなく、お金によって民主主義を体現できるということです。我々の意志の力で、本当に良い企業をもっと良い企業に、強い企業にしていくことが可能です。とことんエンゲージメント(対話)をおこなって、企業に愛情を注ぎ込む。それに企業が応えて、さらに付加価値を創出する。そうした好循環のなかで国民には投資のリターンがきちんと返ってきます。それをまた新たな投資や消費として、この国のために活用していけばいい。これこそがインベストメントチェーン、すなわち投資家と企業による長期的な価値向上を目指した協働の理想像ではないでしょうか。

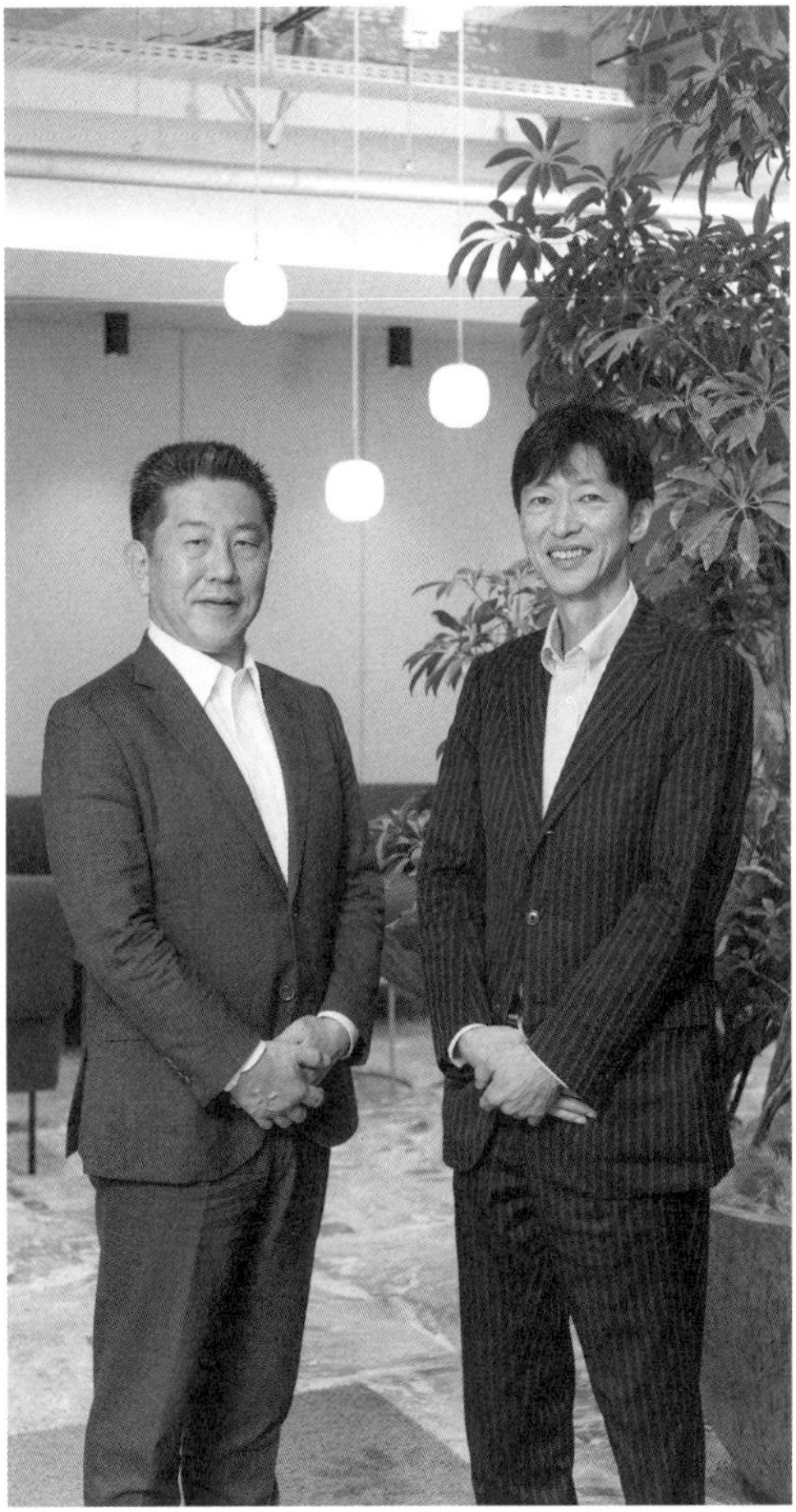

コムジェスト
鼎談

「失敗を恐れず、10年〜20年先のビジョンを持って、独自のカラーを力強く打ち出していってほしい」

小島久美子（シニアIRマネージャー）× **渡邉 敬**（IR＆マーケティング部 部長）× **高橋庸介**

投資家とのコミュニケーションを担うIRマネージャーの二人には、コムジェスト・アセットマネジメントをオンリーワンの運用会社として、今後も熱い気持ちで運営し続けてほしいと願っています。金融業界の、そして人生の先輩という立場から、後輩へ託す想いをメッセージとして伝えました。

コムジェストの考え方や哲学を売るのが私たちの仕事

高橋　日々の仕事やコムジェストという会社について、とくに感じていることはありますか。

小島　私にとってコムジェストはキャリアの4社目です。以前の職場でも、投資家の大事なお金を運用するという使命感を持って取り組んできたつもりでしたが、現在は仕事に対する矜持のようなものがまったく違います。コムジェストが実践しているアクティブ運用は、優れた会社に厳選投資して、世の中を少しでも良くしていこうというものです。コムジェストのファンドの素晴らしさを皆さんに知っていただきたいと、本当に心から思っており、そこには後ろめたさの欠片《かけら》もありません。

渡邉　お客さんに対して誠実であることが、コムジェストの付加価値のようになっています。建前で話すのではなく、誠実に話すことが他社との差別化につながるというのは、何とも不思議であり、皮肉なことです。金融機関の現場でありがちなのは、本部から「この商品を売りなさい」と言われたら、それがお客さんにとって必要かどうかは二の次になってしまうこと。他の金融機関にいる私の友人たちも「仕事だから」と割り切っているのですが、仕事とは本来、他人に喜んでもらって対価を得ることではないでしょうか。金融機関においてもそれを実現できる環境にあるというのは、コムジェストが他社とは大きく異なる点です。商品を売ることが私たちの仕事ではありません。あえて「売る」という言葉を使うならば、私たちの考え方や哲学を売るのが仕事だと思います。

高橋　「全員が同じ船に乗る」という考え方や、「株価は長期的には企業の利益成長に連動する」という投資哲学など、コムジェストらしさを投資家の皆さんに理解していただくのはそう簡単ではないのも現実です。

小島　私たちがお伝えしたい投資の本質と、世間一般の方々が抱いている投資のイメージはかなり違います。多くの人は「短期でいくら儲けるか」が投資だと思っていますが、それは投資ではなくギャンブル(投機)です。そうではなくて、私たちがお伝えしたいのは本当の意味の投資です。自分がファンドに投資したお金が、会社の事業資金として活用され、それが良い商品やサービスをつくるという、いわば世のためになることに使われます。このような一般にはあまり語られない投資の本質を、一度お話ししただけで理解していただくのは難しいですが、根気強く繰り返しお伝えすることで、なかにはすごく共感してくださる人も出てきます。そういう人を一人でも多く増やしていけるように、勉強会やセミナーなどの活動を地道に進めていくことが、現在の私たちにとって優先順位の一番です。

渡邉　高橋さんもよく言われるように、投資は単なる金儲けではありません。投資した先には企業があって、企業のなかには従業員がいます。どの企業に投資するかを決めるベースには、我々の投資哲学があって、運用チームがあります。投資のプロセスにおいては人々のさまざまな「意志」や「意思決定」が関わっているわけで、それをより多くの方々に知っていただきたいと思います。預貯金からファンドへ何となくお金の置き場所を変えるというだけでなく、たとえば食べ物を選ぶときと同じように、ファンドの中身を強く意識していただきたい。そういう人をコツコツ増やしていくことが大事だと感じています。

高橋さんのような上司には、これまで一人もお会いしたことがない

高橋　こんなことを聞くのは気恥ずかしいのだけれど、コムジェスト・アセットマネジメントの社長として、私は二人の目にはどのように映っていますか。

渡邉　コムジェストに入社したのは私の方が先ですが、高橋さんにこんな無名の運用会社に入っていただけて本当に良かったといつも思っています。高い志に豊富な知見と実績、人脈を兼ね備えた人が社長に就いたことは、コムジェストにとって実にラッキーなことです。

小島　高橋さんのような上司には、これまで一人もお会いしたことがありません。私の前職は大手運用会社だったのですが、やはり社内政治のようなものがあって、お客さんのためになるかどうかよりも、上司が喜ぶかどうかで現場の人間が働く状況が目立っていました。高橋さんの場合は、コムジェストのパリ本部の上役が「これをやってほしい」と言ってきても、お客さんのためにならな

いと思えば断固反対します。

渡邉　それは高橋さんがパリ本部の役員二人を、1時間半ぐらいにわたって叱責した事件のことですね。

小島　前職までの私は、何のために目の前の仕事をやるのかについて、あまり深く考えずに行動していました。上司から言われたから、やった方がいいのかなという程度で。現在はお客さんのためになるか、ならないかという基準をしっかりと持ちながら、仕事の優先順位や時間の使い方などについて学ばせてもらっています。上の人にもはっきりと意見していただける上司はありがたいと思うし、自分の考え方としても大きな影響を受けています。

渡邉　高橋さんがコムジェストに入社するにあたって、過去に何度も転職されている点が少し心配でした。でも、元同僚の方々にお会いすると、高橋さんがいまでも皆さんに慕われていることを実感します。それはご自身がいつも実直に仕事や同僚と向き合ってきたからでしょう。恐らく仕事に対して正直すぎたから、会社を変わってきたのだなと…。

小島　高橋さんはお客さんに幸せになっていただきたいとか、もう少し大きな話でいうと、日本を良くしたいという思いが人一倍強いのだと感じています。同じような思いを心のなかに秘めている人は多いはずですが、それを口に出して「私はこのためにやっている」と言い切るような人は珍しいのではないでしょうか。

高橋　日本をもっと豊かにしたいという思いは、実は我々の投資先企業の経営者も常々おっしゃっていることです。皆さん、そういう高い志を持って会社経営にあたっていらっしゃる。だから我々は喜んで投資をさせていただくわけです。素晴らしい経営者の方々と比べたら足元にも及びませんが、我々も同じ道を歩んでいくことは必須だと思います。運用会社だから高みの見物でいいとか、そんなことはあり得ません。いち日本企業として、我々にもできる限り日本という国を豊かにしていく義務と責任があります。

投資先企業に勝るとも劣らない熱い気持ちを持って、コムジェスト・アセットマネジメントという会社をしっかりと運営していくこと。それが私から二人に託したい、いちばん大事な部分です。我々は決して大きな会社ではありませんが、むしろ小さくていいと思っています。小さくてもオンリーワンであることが重要です。日本に100以上ある運用会社のなかで、最も小さい部類かもしれないけれど、いちばん正しいことができる会社がコムジェストである。そのことを、できるだけ多くの人に分かってもらえたら嬉しいですね。

これまで伝えてきたことは二人にとって踏み台にすぎない

小島　逆に高橋さんの目には、私たち二人はどのように映っているのでしょうか。

高橋　小島さんは非常に幅広い分野の知識を持っています。たとえばプロ野球や各種のブランドに詳しいし、食事やお酒に関することまで、さまざまな分野に対して感度が高い。なおかつ、それらを自分でどんどん見に行きます。あらゆるところに目を配って、そこから良いものを見つけてくるというのは、まさしくアクティブ運用のファンドマネージャー的な視点ですよね。渡邉さんも本当に視野が広くて、感心する部分が多々あるのですが、そのなかで一つだけ挙げるとしたら、人間としての誠実さです。実にコムジェストらしい。コムジェスト・アセットマネジメントの誠実な企業カルチャーを体現してくれているのが渡邉さんです。そこは今後もしっかりと守っていってほしいと思います。

私がコムジェスト・アセットマネジメントに入って今年でちょうど10年目に当たります。それ以前の25年間も含め、自分が金融業界で培ってきた経験や知見などは、すでに折に触れて二人に伝えてきました。勘違いしてほしくないのは、それがゴールではないということです。私がいままでやってきたことは踏み台にすぎません。これから10年先、20年先のコムジェストについて、二人にはしっかりとしたビジョンを持ってほしい。我々が投資させていただく企業は、いずれも経営者が明確なビジョンを持っています。そういう会社でなければ投資しないと公言している以上、当の我々自身が明確なビジョンを持つのは当然でしょう。日本の個人を正しい長期資産形成に導くＩＦＡをサポートしていくことが、私のビジョンのひとつです。その点はぜひ二人にも踏襲してほしいし、今後はさらに強化して渡邉さん独自のカラー、小島さん独自のカラーを力強く打ち出していってほしい。

小島　ＩＦＡの方々とは資産形成や運用に限らず、人生の全般にわたって何らかの形で良いお付き合いをしていきたいですね。ＩＦＡは地方にいらっしゃる人が多いので、地域貢献など地方のためになるような事業にコムジェストとして協働するなど、ＩＦＡの皆さんの人生を豊かにするような関わり方ができないかと考えています。

渡邉　先ほども言いましたが、世の中には「これは仕事だから」と割り切る人が多すぎると思います。金銭面だけでなく、人に喜ばれることで私たちの人生は豊かになっていきます。ＩＦＡの皆さんにも、「お客様に豊かになっていただき自分の人生も豊かになる」ということを、同じ船に乗り込みながら考えていただきたい。そういうＩＦＡに一人でも多く出会いたいし、良きパートナーと成れるようにコミュニケーションを取っていきたいと思います。

高橋　もうひとつ、二人にお願いしたいのは、失敗を恐れないことです。私も過去にさんざん失敗してきましたが、幸いなことにどの会社の上司も私の「これをやりたい」という申し出を否定しませんでした。うまくいったら誉めてくれたし、失敗しても、その失敗を次に活かせばいいじゃないかと言ってくれた。そういう意味で、私は幸せなビジネスパーソンとして経験を積むことができました。二人にも自分の10年先、20年先のビジョンを大切にしながら、そこへ向かってさまざまなチャレンジに取り組んでほしいと願います。

高橋庸介（たかはし・ようすけ）
コムジェスト・アセットマネジメント 代表取締役社長

1965年生まれ。千葉県出身。1989年防衛大学校 国際関係論学科 卒業。国内証券アナリスト業務を経て、1997年スカンディア生命（現東京海上日動あんしん生命）入社、IFAの普及に尽力、同社にてIFA研修の企画、講師に従事。

2000年フィディリティ投信、2002年ＰＣＡアセット・マネジメント（現イーストスプリング・インベストメンツ）に移籍、2004年9月に日本初となるインド株式投信を設定、2008年同社常務執行役員。

2012年よりマニュライフ・インベストメンツ取締役、2015年コムジェスト・アセットマネジメント代表取締役社長に就任。


本書籍の売上の一部は、慈善団体に寄付されます。

装丁	梅田敏典デザイン事務所
本文デザイン	田浦裕朗（エディト）
イラスト	やすだゆみ
写真撮影	木村輝

未来を変える価値ある投資
IFAのための指南書

2024年11月11日　初版第1刷発行

著者　高橋庸介
発行者　盛直樹
発行所　株式会社エディト 出版部
東京都渋谷区渋谷1丁目12-2 クロスオフィス渋谷3階
電話 03-5962-7870
発売　株式会社メディアパル（共同出版者・流通責任者）
東京都新宿区東五軒町6-24
電話 03-5261-1171
印刷所　公和印刷株式会社
東京都文京区水道1丁目2-1 鈴木ビル

ISBN978-4-8021-3480-4